Le contrat

Droit des obligations

Connaissance du droit

collection fondée par

Jean-Luc Aubert
agrégé des Facultés de droit

dirigée par

Philippe Jestaz
professeur à l'Université de Paris Val-de-Marne (Paris XII)
membre de l'Institut universitaire de France

Le contrat

Droit des obligations

Jean-Luc Aubert
agrégé des Facultés de droit
conseiller à la Cour de cassation

DALLOZ

Le pictogramme qui figure ci-contre mérite une explication. Son objet est d'alerter le lecteur sur la menace que représente pour l'avenir de l'écrit, particulièrement dans le domaine de l'édition technique et universitaire, le développement massif du photocopillage.

Le Code de la propriété intellectuelle du 1er juillet 1992 interdit en effet expressément la photocopie à usage collectif sans autorisation des ayants droit. Or, cette pratique s'est généralisée dans les établissements d'enseignement supérieur, provoquant une baisse brutale des achats de livres et de revues, au point que la possibilité même pour les auteurs de créer des œuvres nouvelles et de les faire éditer correctement est aujourd'hui menacée.

Nous rappelons donc que toute reproduction, partielle ou totale, de la présente publication est interdite sans autorisation de l'auteur, de son éditeur ou du Centre français d'exploitation du droit de copie (CFC, 20, rue des Augustins, 75006 Paris).

DALLOZ

31-35, rue Froidevaux, 75685 Paris cedex 14

Table des matières

Introduction

Au sens juridique, le « contrat » désigne un accord de volontés, établi entre deux personnes au moins, et générateur d'obligations, c'est-à-dire de liens de droit, entre ces mêmes personnes. Sauf quelques spécificités – telle, notamment, cette production d'obligations qui caractérise le contrat au sein de la catégorie plus vaste des conventions – le contrat fait partie des rares notions de droit qui sont bien perçues et reçues par les non-juristes. Cela tient sans doute au fait que le contrat est une démarche d'une grande banalité, et tellement quotidienne : louer son logement, acheter son pain, prendre l'autobus ou un taxi, pour s'en tenir à ces quelques exemples, sont autant de contrats que chacun est appelé à conclure de façon régulière.

Pour les juristes, le contrat représente le modèle achevé de ce qu'il est convenu d'appeler *l'acte juridique*, par opposition au *fait juridique*.

Cette distinction de l'*acte* et du *fait* juridique tient compte du rôle de la volonté dans le phénomène de production d'effets de droit en général, et d'obligations en particulier. En principe, les effets juridiques attachés au *fait juridique* échappent à la volonté du sujet de droit concerné : le *décès* d'une personne entraîne la transmission du patrimoine de cette personne, qu'elle l'ait voulu ou pas; celui qui cause un *dommage à autrui*, volontairement ou non, devra réparer tout le dommage ainsi produit, peu important qu'il ait la volonté d'une telle indemnisation... C'est la loi, ou plus exactement, le droit objectif – c'est-à-dire l'ensemble des règles de droit qui s'appliquent à la société considérée – qui impose l'effet de droit, le cas échéant l'obligation, sans égard pour la volonté réelle de celui qui s'y trouve soumis.

Au contraire, les effets de droit produits par les *actes juridiques* sont placés sous la maîtrise de leur auteur : c'est lui qui fixe la nature et la mesure de cet effet, le cas échéant de l'obligation, qui va résulter de l'acte passé : l'auteur du *legs testamentaire* organise la transmission de tel ou tel de ses droits à telle ou telle personne de son choix; celui qui consent une *remise de dette* détermine, avec son débiteur, l'extinction, totale ou partielle, d'une obligation préexistante; la *vente* oblige le vendeur à transmettre à l'acheteur la propriété du bien choisi comme objet de cette vente, de même qu'elle oblige ce dernier à payer le prix dont ils sont ensemble convenus. Dans tous les cas, la volonté du ou des sujets de droit qui établissent l'acte détermine la nature et la mesure des effets de droit produits par celui-ci.

Ainsi présentée, la distinction des actes et des faits juridiques est, il est vrai, excessive, du côté des actes en tout cas : nombre des effets produits par ceux-ci sont, on le verra bien pour le contrat, imposés par la loi, sans égard pour la volonté des parties. L'opposition tranchée de l'acte au fait a surtout une vertu pédagogique : elle sert à caractériser aussi clairement que possible la coexistence de deux types de situations génératrices d'effets de droit. Mais elle permet ainsi d'opposer aux situations où la production d'effets de droit est totalement indépendante des volontés individuelles, celles où la volonté du sujet de droit bénéficie d'un pouvoir créateur, d'importance variable selon les cas. Le contrat se situe de ce dernier côté, même si, comme on le verra, la question du rôle exact de la volonté y est fort discutée (*infra*, p. 26 et s.).

Il n'est peut-être pas inutile, après avoir ainsi situé le contrat, très sommairement, dans un certain ordre des situations juridiques, de l'envisager dans l'organisation juridique sociale. Précisons tout de suite qu'il ne s'agira que de l'organisation juridique *non politique*. Certes le contrat, au moins le mot, a des prétentions plus larges : la construction de Jean-Jacques Rousseau en témoigne éloquemment. Mais il s'agit alors plus d'une image que d'une technique. Or c'est en tant que technique qu'il est particulièrement intéressant de prendre une première mesure du contrat dans le cadre de l'organisation de la société.

L'ordre juridique définit fondamentalement d'un côté les *personnes* et de l'autre les *biens*. Les premières se divisent en deux catégories : les *personnes physiques*, qui sont les êtres humains, et les *personnes morales*, qui sont des créations de l'homme : l'État, les communes, les sociétés commerciales ou civiles (qui sont elles-mêmes le produit d'un contrat)... Les seconds rassemblent les diverses richesses qui sont à la disposition des premières, essentiellement par le truchement des droits, au premier rang desquels figure le droit de propriété. C'est l'assemblage d'une chose – un terrain, de l'argent, un meuble, une maison, une œuvre littéraire... – et d'un droit – propriété, usufruit, etc. – qui constitue le bien, lequel se trouve soumis à la maîtrise de la personne qui est précisément titulaire du droit considéré.

L'ordre ainsi défini est, à ce stade, statique, si l'on fait abstraction de cette sorte de « big-bang » qui a déterminé la répartition initiale des biens, vraisemblablement sous la forme d'une appropriation d'habitude ou de force. La dynamique est introduite par les actes et les faits juridiques. C'est vrai pour les personnes elles-mêmes dont le statut est fixé et appelé à évoluer en fonction de la filiation, légitime ou naturelle (fait juridique) ou adoptive (actes juridiques), des états de mariage, de « pacs » (actes juridiques) ou d'union libre (fait juridique)... Ce l'est aussi pour les biens : tel accident (fait juridique) imposera au responsable le paiement d'une somme d'argent à la victime; telle location (acte juridique) assurera au locataire la jouissance d'un logement dans l'immeuble du bailleur.

Les actes juridiques, et plus particulièrement le contrat, jouent un rôle essentiel et déterminant dans l'organisation et la régulation de la vie économique. En vérité, le contrat constitue sans doute le principal mode de relation économique et de circulation des richesses entre les personnes. Cela explique que la notion de contrat recouvre des réalités très diverses, à la mesure des besoins de la vie socio-économique, et que le contrat fasse l'objet d'un régime juridique complexe tant pour ce qui concerne sa formation que pour ses effets.

Plan :

Chapitre 1 : La notion de contrat

Chapitre 2 : L'accord de volontés

Chapitre 3 : La formation du contrat

Chapitre 4 : L'effet obligatoire du contrat

Chapitre 5 : La situation contractuelle

Chapitre I

La notion de contrat

De façon classique, le contrat est défini comme un accord de volontés générateur de droit(s) et d'obligation(s) entre les parties qui le concluent. Cette définition peut être éclairée par quelques précisions.

En tant qu'*accord de volontés*, le contrat se rattache à la catégorie plus large des *conventions,* qui sont des accords de volontés générateurs d'effets de droit; par là-même, il s'oppose aux *actes juridiques unilatéraux*, c'est-à-dire aux actes qui sont l'œuvre d'une volonté unique, tels le testament ou la reconnaissance d'enfant.

En ce qu'il est générateur d'obligations *entre les parties,* et elles seules, le contrat se différencie de l'*acte juridique collectif* – par exemple, la convention collective de travail – qui a vocation à produire effet à l'égard de tiers, c'est-à-dire de personnes qui sont demeurées étrangères à sa conclusion, ou même qui s'y sont opposées.

En ce qu'il est producteur d'*obligations*, c'est-à-dire de ce lien de droit particulier établi entre deux personnes et en vertu duquel l'une, le *créancier*, peut exiger quelque chose – paiement d'une somme d'argent, exécution d'une prestation ou encore respect d'une abstention – de l'autre, le *débiteur*, le contrat se caractérise au sein de la catégorie des conventions, lesquelles ne créent pas d'obligations mais produisent d'autres effets juridiques : transmission ou extinction d'une obligation, par exemple.

Pour être ainsi étroitement caractérisé au sein même de la catégorie des actes juridiques, le contrat n'en comporte pas moins une très grande diversité (Section 1) qui fait ressortir la richesse des fonctions qui lui sont assignées (Section 2). Cette diversité est de nature à alimenter le débat relatif à l'analyse juridique du concept contractuel (Section 3).

Section 1
La diversité des contrats

Un simple regard porté sur la vie quotidienne suffit pour prendre conscience de la diversité des contrats : consommation de produits procurés par des contrats de vente; logement assuré par un contrat de location, autrement appelé « bail »; circulation en automobile, éventuellement permise par un contrat de transport et, dans tous les cas, couverte par un contrat d'assurance; recours aux services d'un plombier sur le fondement d'un contrat d'entreprise…

Cette diversité apparaît clairement dans le Code civil, et, plus largement, dans le *droit civil* (I), branche du droit que l'on peut regarder comme le creuset de la matière contractuelle. Mais, depuis longtemps déjà, le concept contractuel s'est développé *hors du droit civil* (II). Au total, la matière se révèle extraordinairement diversifiée sans que, pour autant, soient remises en cause ni la réalité ni l'*unité de la notion* (III).

I - Le contrat en droit civil

On peut aborder la question en évoquant, de manière non exhaustive, d'abord les contrats prévus par le Code civil (A), puis ceux qui sont venus compléter cette première liste (B).

A - Les contrats du Code civil

L'énumération des contrats prévus par le Code ne suffit pas à rendre compte de leur véritable diversité. Il faut, pour cela, prendre aussi en considération les différentes classifications dont ils font l'objet.

1 - Les différents contrats

Pour plus de clarté, il est possible de regrouper ces contrats par « figure économique », c'est-à-dire en tenant compte de la nature économique de l'opération que le contrat tend à réaliser par le jeu des obligations qu'il produit.

Si l'on veut bien admettre une certaine schématisation, et si l'on s'accorde pour regarder la monnaie comme une sorte particulière de bien, on peut dénombrer, de manière très synthétique, quatre figures économiques principales : d'abord, les *échanges de biens*, puis les *échanges de biens et de services*, ensuite les *services gratuits*, et enfin les *appauvrissements sans contrepartie*.

Comme *échanges de biens*, le Code réglemente, d'une part, dans ses articles 1582 et suivants, *la vente* (bien *contre* bien-monnaie), et, d'autre part, dans les articles 1702 et suivants, *l'échange* (bien *contre* bien). Dans les deux cas, le contrat opère, par l'effet des obligations auxquelles il donne naissance, un double déplacement de valeurs entre deux patrimoines. Ainsi, pour s'en tenir à la vente, un bien sort du patrimoine du vendeur pour entrer dans celui de l'acheteur, tandis qu'une somme d'argent doit sortir du patrimoine de l'acheteur pour venir dans celui du vendeur (ce qui peut se faire selon des modalités diverses, en particulier sous la forme du paiement d'un prix fixé par le contrat – prix payé « comptant » ou à des échéances convenues – ou sous celle d'une rente viagère due jusqu'au décès du vendeur).

Il faut y ajouter le cas particulier du *contrat de société* (art. 1832) qui s'inscrit sans doute dans ce schéma d'échange de biens mais avec une particularité complémentaire notable, à savoir que le contrat engendre la création d'une personne juridique – une *personne morale* – à laquelle des biens doivent être transférés, la société.

Au titre des *échanges de biens et de services*, l'essentiel des dispositions du Code concerne les diverses sortes de louages : *louages de choses* (art. 1713 et s.), d'abord, tels les baux d'immeubles, dénommés « baux à loyer », où le bailleur assure au locataire la jouissance de l'immeuble objet de la convention, service en contrepartie duquel le locataire s'oblige à lui payer une certaine somme d'argent, le loyer; *louages d'ouvrages ou d'industrie* (art. 1779 et s.), ensuite, tels notamment, le *contrat de travail*, par lequel le salarié fournit son travail en contrepartie d'un salaire, le *contrat d'entreprise* où l'entrepreneur apporte son service moyennant un prix, et le *contrat de transport*, par lequel le transporteur opère le déplacement d'une personne ou d'une chose contre le paiement d'un prix.

À ces différents louages, il convient cependant d'ajouter, en particulier, diverses prestations de service rémunérées, tels le *contrat d'assurance* (art. 1964), les *prêts à intérêts* (art. 1905 et s.), le dépôt salarié – ainsi du *séquestre conventionnel* (art. 1956 et s.) – ou *le mandat salarié*, par lequel une personne assure, moyennant rémunération, l'accomplissement d'actes juridiques – par exemple, la conclusion d'un contrat – au nom et pour le compte d'une autre personne.

Le Code envisage également différents contrats assurant des *services gratuits*. Nombre d'entre eux ne sont qu'une alternative de prestations qui peuvent être rémunérées. Ainsi retrouve-t-on le *dépôt*, qui est normalement gratuit (art. 1917), ou encore le *mandat*, qui est « gratuit sauf convention contraire » (art. 1986). C'est aussi le cas du *cautionnement*, contrat de garantie d'une créance, par lequel la caution s'engage à payer une dette déterminée en cas de défaillance du débiteur. Cette sorte d'engagement peut être souscrit par amitié pour le débiteur (c'était l'optique originaire du Code civil), mais le cautionnement peut aussi être un service que le débiteur cautionné rémunère; c'est devenu fréquent aujourd'hui. Il est en revanche des contrats de services qui sont nécessairement gratuits. C'est le cas du *prêt à usage*, encore appelé « commodat », par lequel une personne livre une chose à une autre personne pour qu'elle s'en serve, à seule charge de la rendre après s'en être servi (art. 1875). S'il y avait rémunération, l'opération changerait totalement de nature pour devenir un louage.

Restent les *appauvrissements sans contrepartie* qui se caractérisent, économiquement, par le seul déplacement d'un bien d'un patrimoine à un autre. Le Code n'en prévoit qu'une sorte, qui peut cependant prendre des formes diverses, notamment dans le cadre familial et pré-successoral : la *donation* (art. 931 et s.). C'est un contrat par lequel une personne se dépouille irrévocablement d'un bien dont elle transfère la propriété à une autre personne qui l'accepte.

Pour l'essentiel, cette dernière catégorie ne s'est enrichie, depuis le Code civil, que par la consécration de formes de donations moins rigides, en particulier la *fondation* en vertu de laquelle une personne, ou plusieurs, décident l'affectation irrévocable de biens à la réalisation d'une œuvre d'intérêt général et désintéressée (elle peut au demeurant être réalisée aussi bien par la voie contractuelle que par acte testamentaire, c'est-à-dire par le moyen d'un acte juridique unilatéral). Les autres figures économiques, au contraire, et la différence ici constatée est assez naturelle, ont connu des modes de réalisation nouveaux extrêmement nombreux : la diversité des contrats s'est sensiblement accentuée. Avant d'en donner ce qui ne peut être qu'un aperçu (*infra*, B), il faut encore compléter le tableau général des contrats qui vient d'être dressé par l'évocation des catégories *juridiques* qui peuvent servir à leur classification et dont les auteurs du Code civil avaient pris la peine de détailler les principales.

2 - Les classifications des contrats

Le Code, en effet, explicite la diversité technique des contrats qu'il envisage, dans les articles 1102 et suivants, à la suite d'une définition générale du contrat donnée par l'article 1101 : « le contrat est une convention par laquelle une ou plusieurs personnes s'obligent, envers une ou plusieurs autres, à donner, à faire ou à ne pas faire quelque chose ». Il distingue ainsi :

— Les contrats *synallagmatiques* (art. 1102) et les contrats *unilatéraux* (art. 1103). Les premiers font naître des obligations réciproques à la charge des parties. C'est le cas, par exemple, de la vente (obligation du vendeur de transférer la propriété, et obligation de l'acheteur de payer le prix) ou encore du bail d'habitation (obligation du bailleur de procurer au locataire la jouissance de l'immeuble, et obligation du locataire de payer le loyer)...

Ces contrats s'opposent aux contrats *unilatéraux* qui n'engendrent d'obligation qu'à la charge de l'une des parties. Ainsi, notamment, de la donation (obligation du donateur envers le donataire) et du prêt (dans lequel la remise de la chose prêtée n'est pas l'exécution d'une obligation, l'emprunteur seul supportant une obligation : celle de restituer la chose prêtée).

— Les contrats *commutatifs* et les contrats *aléatoires* (art. 1104, al. 1 et 2). Les premiers sont des contrats qui fixent, dès leur conclusion, des prestations regardées comme équivalentes par les contractants. C'est le cas normal de la vente; c'est encore le cas des différents louages. Dans les seconds, au contraire, où les prestations dues dépendent d'un événement incertain, l'équivalence de ces prestations n'est pas de l'essence du contrat. C'est le cas particulier de la vente dont le prix a été stipulé en forme de rente viagère et, beaucoup plus important, celui du contrat d'assurance, où, d'un côté, l'assuré peut fort bien avoir acquitté des primes sans que l'engagement de l'assureur ait eu lieu de jouer (l'assuré n'a jamais provoqué d'accident), ou inversement, de l'autre, l'assureur peut se trouver obligé de payer une somme sans commune mesure avec les primes qu'il a reçues de son assuré (celui-ci ayant causé un grave dommage peu après avoir conclu le contrat).

Les contrats *à titre gratuit,* dits « de bienfaisance » (art. 1105) et les contrats *à titre onéreux* (art. 1106). Les premiers consacrent, au bénéfice de l'une des parties, un avantage sans contrepartie – c'est le cas normal de la donation ou encore celui du dépôt. Les seconds ménagent au contraire un avantage à chacune des parties. La notion de contrat à titre onéreux, qui se fonde ainsi sur l'idée « d'avantage » et non sur la simple prise en considération des obligations produites par le contrat, se distingue de celle de contrat synallagmatique. Certes ces derniers contrats sont des contrats à titre onéreux; mais cela est vrai aussi de certains contrats unilatéraux : tel est le cas du prêt à intérêts en vertu duquel l'emprunteur bénéficie de l'usage de la somme prêtée, tandis que le prêteur recueille l'avantage d'une rémunération, ou encore, de la donation avec charges.

Outre ces trois distinctions, qui sont expressément énoncées par le Code, les dispositions de celui-ci en recèlent implicitement trois autres :

— Celle des contrats *consensuels* et des contrats *formalistes,* qui oppose ceux dont la conclusion résulte – c'est le principe (art. 1108) – de la seule expression de l'accord de volontés, c'est-à-dire de la seule formation d'un consentement contractuel, à ceux que le consentement ne peut former qu'à la condition – exceptionnelle – de respecter une formalité déterminée, par exemple, la rédaction écrite du contrat (art. 931 - donation) ou la remise matérielle de la chose qui fait l'objet du contrat (art. 1875 – prêt; art. 1915 – dépôt).

— Celle des contrats *à durée déterminée* – dont le temps fixé par le contrat s'impose au parties – et des contrats *à durée indéterminée* – auquel chacun des contractants est en principe libre de mettre fin à tout instant (art. 1736 et 1737, pour les baux). Au demeurant, ces deux catégories forment ensemble celle des contrats *à exécution successive* – dont les effets s'étalent dans le temps – par contraste avec les contrats *à exécution instantanée* dont les effets s'épuisent en un trait de temps – par exemple, la vente au comptant.

— Celle, enfin, des contrats *intuitu personae,* par opposition à ceux que l'on qualifiera, faute de mieux, de contrats *ordinaires.* Leur différence tient à l'importance que prend la personnalité du contractant – qualités ou compétences spécifiques, honnêteté... – dans la décision de conclure le contrat avec lui plutôt qu'avec un autre. Si c'est une importance essentielle, le contrat est *intuitu personae,* c'est-à-dire conclu en considération de la personne (cas de la donation, du contrat de travail, ou encore du prêt) ; s'il ne s'agit que d'une considération secondaire, banale, le contrat reste ordinaire, ce qui constitue le principe. La distinction apparaît dans l'article 1110, alinéa 2 du Code, qui admet la sanction (nullité du contrat) de l'erreur sur la personne – ses qualités – dans le premier cas, alors que cette même erreur reste indifférente dans les contrats ordinaires.

Il faut observer que les distinctions ainsi opérées sont en principe cumulatives : pour être complètement qualifié – ce qui permet de déterminer l'ensemble des règles qui ont vocation à s'y appliquer – chaque contrat doit l'être au regard de chacune d'elles. Ainsi la vente est elle un contrat synallagmatique, commutatif, à titre onéreux, consensuel, à exécution instantanée et ordinaire ; l'assurance, un contrat synallagmatique, aléatoire, à titre onéreux, consensuel, à exécution successive, et selon les cas, ordinaire ou *intuitu personae*. En revanche, la donation, qui est un contrat unilatéral, à titre gratuit, formaliste, à exécution instantanée et toujours *intuitu personae,* n'entre pas dans la distinction des contrats commutatifs ou aléatoires, la commutativité, pas plus que l'aléa, n'étant de son essence.

Il reste à remarquer que, dans leur grande sagesse, les rédacteurs du Code avaient encore fait une distinction, plus pragmatique, entre ce qu'il est convenu d'appeler les *contrats nommés* et les *contrats innommés*. La première formule désigne les différents contrats spécialement dénommés et réglementés par le Code (donation, vente, louage, prêt, etc.) ; la seconde vise tous ceux qui, au contraire, n'ont pas été spécialement prévus par lui, mais dont les besoins de la vie sociale peuvent susciter l'apparition. La distinction souligne que la catégorie des contrats est une **catégorie ouverte** appelée à s'enrichir sous l'impulsion des praticiens, les créations de ceux-ci pouvant d'ailleurs fort bien se trouver ensuite consacrées par la loi et constituer ainsi de nouveaux contrats nommés. Le phénomène s'est amplement vérifié, ainsi qu'on va le constater immédiatement.

B - Les contrats après le Code civil

Abstraction faite des innombrables adaptations des contrats prévus par la loi aux besoins spécifiques des contractants, qu'il est impossible de saisir, il demeure que la panoplie des contrats que le Code civil avait promue s'est considérablement enrichie au cours des deux siècles qui ont suivi sa promulgation.

Cet enrichissement s'est d'abord opéré par le développement de certaines techniques contractuelles, qui se sont diversifiées en fonction des besoins de la vie sociale. Le contrat de société en fournit un exemple notable, doublé, assez largement, d'une évasion du cadre purement civil. Le *crédit,* y compris les garanties du crédit, est un autre secteur caractéristique de cette évolution. Mais c'est sans doute, dans le domaine civil, l'*assurance* qui l'a le plus remarquablement illustrée.

Technique connue mais encore cantonnée, au début du XIXe siècle, dans des domaines particuliers – transport maritime et incendie, notamment – quand elle n'était pas regardée comme immorale et menace pour l'ordre public (cas de l'assurance sur la vie), l'assurance s'est, par la suite diversifiée en une multitude de contrats qui restent assez largement innommés, au sens de l'article 1107, mais dont les grandes catégories n'en ont pas moins été dénommées et réglementées par la loi (aujourd'hui, le Code des assurances) : assurances de responsabilité, assurances de choses (assurances incendie, assurance vol...), assurances de personnes (vie, accidents corporels...), assurance « construction »...

Cette multiplication des types de contrats s'est aussi opérée par l'effet d'innovations pures et simples. Le *secteur immobilier* est particulièrement représentatif à cet égard. Nombre de contrats nouveaux y sont apparus, le plus souvent par consécration des pratiques contractuelles, notamment dans la seconde moitié du XXe siècle.

On se bornera à citer, pour en rendre compte, la *vente d'immeuble à construire* (art. 1601-1 et s., C. civ.), le contrat de *promotion immobilière* (art. 1831-1 et s.), le *bail à construc-*

tion (art. L. 251-1 et s., C. constr. et hab.), le contrat de *construction de maison individuelle* (art. L. 230-1 et s., C. constr. et hab.), ou encore, la *location accession* (L. 12 juill. 1984).

Il faut encore tenir compte d'une sorte de reclassement qui a été réalisé sur le fondement de la prise en considération des compétences respectives des parties. C'est, en particulier, le cas de la distinction des *contrats de consommation,* opposés à ceux conclus entre professionnels, et qui a été faite par la loi dans le dernier tiers du XXe siècle, après que la doctrine eût, près d'un siècle plus tôt, mis en lumière l'opposition des contrats *de gré à gré* aux *contrats d'adhésion,* ces derniers étant caractérisés par une forte inégalité de puissance économique des parties permettant à l'une de dicter à l'autre les conditions du contrat, sans discussion possible (cf. *infra*, p. 89).

Ces quelques indications suffisent pour prendre conscience de la multiplicité des contrats dans le droit civil d'aujourd'hui. Certes, ces différents contrats sont d'importance inégale, au plan qualitatif comme au plan quantitatif. Selon une formule qui a eu cours au XIXe siècle, il en est des « petits » et des « grands ». Mais, outre le fait que la qualification est essentiellement relative et précaire – beaucoup de contrats initialement regardés comme « petits », sont ultérieurement devenus « grands », tels le prêt ou le mandat – l'essentiel reste que chacun d'entre eux a son rôle à jouer dans la vie sociale. Toutefois, force est alors de constater que les contrats du droit civil ne suffisent pas à celle-ci et que leur diversité se prolonge par celle que consacrent d'autres branches du droit.

II - Le contrat hors du droit civil

On se bornera, par la force des choses, à une évocation très sommaire, d'abord, des principales manifestations du mécanisme contractuel dans les *autres branches du droit privé* (A), puis des *contrats administratifs* (B).

A - Les contrats de droit privé

Le **droit commercial,** ou plus largement, le droit des affaires, est un domaine où, naturellement, le contrat connaît un développement particulièrement important.

Il convient cependant de prendre garde à ce que nombre de *contrats commerciaux* ne se différencient pas, matériellement, des contrats civils. La qualification « commerciale », qui n'a alors d'autre raison d'être que de marquer que le contrat considéré se trouve soumis à des règles particulières, dérogeant au régime civil (en particulier sur le plan de la preuve), tient seulement à la qualité des contractants et à la finalité du contrat conclu. Ainsi en va-t-il, notamment, de la *vente* qui, commerciale ou civile, emporte les mêmes effets juridiques et économiques.

Il est cependant de nombreux contrats commerciaux qui sont spécifiques, par leur substance – contrat d'hôtellerie ou contrat de banque, par exemple – ou par leur fonction économique, qui tend à l'organisation d'un mode particulier d'activité commerciale. On citera, pour illustrer cette catégorie, d'une part la *location gérance* de fonds de commerce par laquelle le propriétaire d'un tel fonds « en concède totalement ou partiellement la location à un gérant qui l'exploite à ses risques et périls » (art. 1er, L. 20 mars 1956), et, d'autre part ces contrats de distribution que sont le *contrat de concession,* par lequel le concédant, titulaire d'une marque, s'engage envers le concessionnaire, dans un territoire défini, à lui vendre en exclusivité des biens que celui-ci s'oblige à distribuer en se conformant à la politique commerciale du concédant; ou encore le *contrat de franchise,* en vertu duquel le franchiseur s'engage envers le franchisé, principalement, à le faire bénéficier d'un savoir-faire et de sa marque, le franchisé s'obligeant de son côté à exploiter ce savoir-faire et à utiliser cette marque, normalement de façon exclusive.

On observera que ces contrats ne reprennent que certaines des figures économiques des contrats civils – échanges de biens, échanges de biens et de services – et souvent de façon complexe. D'une part, l'onérosité devient la règle; d'autre part, les services se spécialisent, notamment en assurant l'organisation de la commercialisation des produits. C'est, au demeurant, un phénomène qui se retrouve dans un autre domaine, celui du **droit rural,** où les *contrats d'intégration agricole,* notamment, organisent une dépendance entre producteurs agricoles et entreprises industrielles ou commerciales par le jeu d'obligations réciproques de fournitures de produits ou de services (L. 6 juillet 1964, art. 17).

On pourrait encore évoquer les multiples manifestations du mécanisme contractuel en *droit social* – du contrat de travail jusqu'aux conventions d'insertion – ou encore le « contrat fiscal », qui consacre une négociation – très exceptionnelle ! – de l'impôt, voire le « contrat judiciaire » qui n'a d'autre spécificité que d'être un contrat banal qui emprunte la *forme* judiciaire, celle d'un jugement. Évoquer aussi le *contrat international,* qui n'a sans doute pas de spécificité dans sa substance économique, mais qui se distingue par sa fonction qui est de produire des effets économiques trans-frontières, et par voie de conséquence, par son régime juridique.

B - Les contrats administratifs

Le droit privé n'a pas le monopole des mécanismes contractuels. Le contrat est une technique reconnue du droit public, lequel consacre au demeurant un principe de liberté des conventions qui autorise, *a priori,* tous les aménagements contractuels. De fait, la catégorie des contrats administratifs est une catégorie extrêmement riche dont on se bornera, ici, à donner une vue simplifiée de la notion de base.

Les *figures économiques* dessinées par ces contrats ne diffèrent pas de celles des contrats de droit privé. Ainsi la gratuité n'en est-elle pas exclue, même si elle demeure très exceptionnelle.

La figure très dominante est celle de l'échange de biens et de services : c'est celle que réalisent en particulier les *marchés publics,* conclus par les collectivités publiques pour la réalisation *de travaux* et de *services,* ou encore les contrats de service public, notamment la *concession de service public,* contrat par lequel un concessionnaire se voit confier, sous le contrôle de la collectivité publique, l'exécution d'un service public qu'il doit financer lui-même, sauf à trouver sa rémunération dans les résultats de l'exploitation.

Les échanges de biens, sans être négligeables – dans des ordres d'idée fort différents, et d'importances parfaitement dissemblables : les *marchés de fournitures* et les *concessions funéraires* – se trouvent limités par le principe de l'inaliénabilité du domaine public et celui selon lequel les aliénations du domaine privé des personnes publiques – ventes domaniales – relèvent du droit privé, sauf quelques exceptions, telles notamment les ventes d'immeubles appartenant à l'État.

Malgré cette ressemblance quant aux formes de déplacement des valeurs, il convient de souligner que de nombreux éléments de différenciation se manifestent dans l'aménagement des figures économiques ainsi réalisées. Cela peut être illustré, exemple arbitrairement choisi parmi bien d'autres, par le procédé souvent utilisé, pour la rémunération d'un concessionnaire de service public, et qui consiste à mettre son paiement à la charge de tiers – les usagers – la collectivité publique ne l'assurant pas elle-même directement.

La *qualification de contrat administratif* est liée à la présence à l'acte d'une personne publique (l'État, une collectivité locale...) intervenant au titre de la puissance publique. Il est cependant admis, aujourd'hui, que cette intervention d'une personne publique ne suffit pas pour emporter la qualification. Celle-ci reste subordonnée, outre cette exigence générale, au particularisme de la convention, particularisme qui peut tenir :

— soit au *contenu* même du contrat, singularisé par la présence de *clauses exorbitantes du droit commun,* c'est-à-dire, selon le Conseil d'État, de clauses « ayant pour objet de conférer aux parties des droits, ou de mettre à leur charge des obligations, étrangers par leur nature à ceux qui sont susceptibles d'être librement consentis par quiconque dans le cadre des lois civiles et commerciales » (CE, 20 oct. 1950, *Rec. CE*, 505);

— soit à la *finalité* du contrat, celui-ci participant à la réalisation d'une mission de service public.

Au total, la catégorie des contrats administratifs consacre une diversification du mécanisme contractuel qui, sans atteindre, sans doute, celle des contrats de droit privé, n'en a pas moins pour résultat d'enrichir sensiblement le concept contractuel.

III - L'unité de la notion de contrat

. L'extraordinaire diversité du phénomène contractuel que l'on vient d'apercevoir peut légitimement susciter une question : savoir si le mot ne recouvre pas des réalités très différentes, au point de remettre en cause l'unité de la notion. Même si elle n'est pas étrangère au débat qui s'attache à l'analyse juridique du contrat (*infra,* p. 26), cette interrogation doit être envisagée dès à présent, au moins de façon sommaire.

Il ne faut certainement pas prétendre à la parfaite homogénéité de la notion. Les éléments d'hétérogénéité sont en fait très nombreux, l'exposé qui précède l'a clairement montré. Il suffit de rappeler, entre autres : la diversité des figures économiques dessinées; l'inégale importance des différents contrats recensés; la diversité de leurs régimes juridiques, diversité qui peut aller jusqu'à la contradiction avec les contrats administratifs (clauses exorbitantes, régime de l'exécution)...

Pourtant, ces différences ne remettent pas en cause l'unité de la notion de contrat; elles marquent seulement l'infinie richesse de ce concept.

Il faut bien voir, en effet, que sous cette diversité se retrouvent des éléments communs et constants qui donnent sa spécificité au concept par-delà ses multiples avatars. L'observation est au reste universelle, en ce sens que l'on constate, dans les différentes sociétés, sous des apparences parfois dissemblables mais le plus souvent très proches, le même mécanisme de relation sociale et économique. Il est vrai que, d'un cas à l'autre, la place et le rôle du contrat peuvent varier. Mais il demeure qu'il n'est pas de société, au sens propre de ce terme, qui l'ignore. Même les sociétés qui, à l'époque contemporaine, lui ont marqué la plus grande hostilité, en raison de son caractère irréductiblement individualiste – individualisme à deux – n'ont jamais réussi à l'exclure totalement. Il convient donc, en quelques mots, de mettre en lumière ces **constantes** qui soulignent l'unité de la notion, sinon sa réalité. Elles sont au nombre de trois :

La première se trouve dans un *effet socio-économique,* juridiquement, un effet patrimonial : le contrat est un instrument de création et de circulation des richesses entre les personnes : tel bien sort du patrimoine de X pour entrer dans celui de Y, soit gratuitement, parce qu'il est donataire, soit moyennant un prix dont il est convenu avec son vendeur ; A accomplit tel travail au profit de B, lequel lui paie, en contrepartie, le prix de son intervention...

La seconde consiste dans le recours à une technique juridique bien définie et propre, précisément, à permettre cet effet socio-économique : la *production d'obligations.* Le contrat, qu'il soit de la plus grande simplicité – l'achat d'un pain – ou de la plus extrême complexité – tel ou tel contrat international de grands travaux – a toujours pour effet, éventuellement parmi d'autres, de donner naissance à des obligations, au moins une dans le cas du contrat unilatéral. Ce sont ces obligations qui réalisent création et circulation de richesses.

Il faut encore préciser que cet effet obligatoire se caractérise par une contrainte qui s'applique au contractant, lequel ne peut s'y soustraire de manière arbitraire. Cela reste vrai jusque dans le cas des contrats administratifs : même si, assurément, les considérations de puissance publique et de service public peuvent imposer certaines atténuations de l'effet obligatoire, il demeure que l'obligation demeure le principe d'efficience du contrat administratif.

La troisième constante se trouve dans ce que cet effet obligatoire est le résultat d'un *accord de volontés.* Dans des conditions plus ou moins strictement définies par la loi, selon les cas, c'est en effet toujours sur le fondement d'un *consentement réciproque* des parties contractantes que se noue la relation contractuelle génératrice d'obligations. Le lien qu'il convient d'établir entre cette volonté individuelle et l'effet obligatoire – fondement de celui-ci ou simple condition – est discuté (*infra*, p. 26) ; il suffit, pour le moment de constater qu'il n'y a pas de contrat sans accord de volontés. Et il reste, avant d'évoquer cette discussion, à préciser au regard de l'effet socio-économique du contrat quelles en sont les fonctions précises.

Section 2
Les fonctions du contrat

Le contrat, on l'a dit, dessine diverses figures économiques. Il est, fondamentalement, un instrument économique. Mais il n'est pas que cela. Par la force des choses, il est aussi un instrument social, en ce qu'il sert à l'établissement de relations entre les personnes. À partir de là, de manière très schématique – et synthétique – on peut dire que le contrat remplit des fonctions que l'on peut regrouper autour de deux idées qui sont en réalité étroitement liées : l'expression de la personne dans la société (I) et l'organisation de la vie sociale (II).

I - L'expression de la personne dans la société

À l'évidence, le contrat, considéré au regard de la personne, remplit en tout premier lieu, une *fonction de communication.* Le contrat est, pour elle, le moyen d'établir des liens avec les autres. C'est de communication économique qu'il s'agit, certes, mais cela n'exclut pas systématiquement les considérations affectives : les mouvements de biens, ou de services, ne sont pas nécessairement onéreux; l'amitié, la solidarité, la charité, pour se limiter à ces sentiments, ont leur place dans le jeu contractuel, et peuvent y présider (donations, cautionnements gratuits...). Mais il est vrai que la communication contractuelle est essentiellement patrimoniale; elle sert à des échanges de biens et de services entre les personnes qui composent la société, personnes physiques et personnes morales, y compris celles de droit public, à commencer par l'État.

Cette fonction de communication se double de ce qu'on peut dénommer une *fonction égalitaire.* Le contrat est, en effet, un instrument de redistribution qui permet à chacun de se procurer ce qu'il n'a pas avec ce qu'il a. De ce point de vue, il est probable que le contrat d'échange représente la forme la plus spontanée du mécanisme contractuel. L'usage de la monnaie permet de consolider cette fonction en la généralisant. Bien sûr, il convient de ne pas commettre de contresens à ce propos : cette fonction ne fait pas du contrat un instrument d'égalité entre les hommes. Elle permet seulement à chacun de s'évader, dans la mesure des moyens dont il dispose, de son cadre économique initial. Du moins peut-elle impliquer que les échanges organisés par la voie contractuelle respectent un certain équilibre.

De ce qui précède, il résulte assez naturellement que le contrat remplit une *fonction de gestion patrimoniale.* Ce n'est, en vérité, qu'un aspect généralisé de la fonction égalitaire qui vient d'être évoquée. Le contrat permet au sujet de droit d'influer sur la substance matérielle de son patrimoine, sur ses biens, et de leur donner les affectations qu'il estime nécessaires, que ce soit pour satisfaire ses besoins ou ceux d'autrui, que ce soit par décision purement spontanée ou sous la pression de quelque contrainte. Le contrat apparaît ainsi, au plan économique, comme un instrument essentiel pour la personne, en ce qu'il lui permet d'agir dans la société par la mise en œuvre des droits subjectifs qui lui sont reconnus. Cela concerne les prérogatives individuelles que la loi consacre tant au bénéfice des personnes privées – propriété de tels biens, créance de salaire, créance d'indemnité, droit d'usage sur tel immeuble – qu'au profit des personnes publiques, même si, dans ce dernier cas, la notion de droit subjectif perd, souvent, de sa pureté, dans la mesure où elle se trouve complétée, encadrée, voire dominée, par l'idée de puissance publique. Sous ces réserves, on peut admettre, à titre de schéma de principe, que le contrat est le mode essentiel d'exercice des droits économiques des personnes dans la vie sociale. C'est en réalité plus que cela : le contrat est le moyen de consécration de la personne dans la vie économique; il est, pour elle, un mode privilégié d'expression, en l'absence duquel la notion même de « personne » serait privée d'une dimension vitale. L'observation peut être réitérée au regard de l'idée d'organisation sociale.

II - L'organisation de la vie sociale

Il est certain que la fonction de communication, précédemment relevée, s'inscrit d'elle-même dans l'idée d'organisation de la vie sociale. Mais le contrat présente d'autres fonctions qui la complètent de façon significative à cet égard et auxquelles il convient de s'arrêter un moment.

Ainsi en va-t-il, tout d'abord, de la *fonction normative* du contrat. On signifie par là que le contrat a pour effet de soumettre les parties à des règles, fixées de leur consentement mutuel, et qu'elles sont tenues d'observer à peine de sanction. C'est notamment le phénomène obligatoire du contrat que l'on retrouve ici, dans sa perspective sociale. Par l'effet du contrat, les contractants sont tenus de respecter tel comportement déterminé – assurer telle prestation, procurer tel bien – et ce comportement est regardé comme un fait acquis par l'ensemble du corps social au point que le droit en garantit l'exécution. Cette fonction, qui se place dans le prolongement de la fonction de gestion patrimoniale, confère à celle-ci, en réalité, une ampleur considérable qui fait du contrat un véritable mode d'accomplissement des droits.

Cela est vrai aussi de la *fonction distributive,* version sociale de ce que nous avons dénommé fonction égalitaire. C'est, à la vérité, une fonction majeure du contrat au sein de la société. L'ensemble des contrats conclus par les sujets de droit – privé comme public – assure, en effet, le fonctionnement économique de celle-ci en organisant la création et la circulation des richesses, à l'intérieur comme à l'extérieur de ses limites. Cette dimension du contrat est particulièrement importante en ce qu'elle explique que le phénomène contractuel ne peut pas être abandonné à l'arbitraire des sujets de droits, ou, plus simplement, à la seule appréciation de leurs intérêts individuels. L'accomplissement des droits, notamment des droits subjectifs, nécessaire au plein épanouissement de la personne au plan juridique, ne peut se faire dans l'ignorance de la société.

C'est, au demeurant, cette préoccupation sociale qui est principalement à la base d'une dernière fonction du contrat, qui est une *fonction de stabilisation.* Elle est le fruit, essentiel, de la contrainte inhérente à l'effet obligatoire du contrat. Fruit particulièrement riche, il faut le remarquer. Elle signifie que ce qui est prévu par le contrat doit être respecté, ainsi qu'il a été dit déjà. Il en résulte que les situations dessinées selon le mode contractuel sont des situations fiables *a priori.* Le contrat se révèle ainsi comme un mode d'*organisation prévisionnelle* des relations économiques : il permet d'installer de telles relations dans la durée, voire d'organiser par anticipation le développement de relations à venir (cf. les contrats de distribution), de gérer le futur. Le contrat est *instrument de prévision*.

Le contrat, accord de volontés générateur d'obligations, apparaît en définitive non pas seulement comme un instrument déterminant de la vie socio-économique, mais comme le prolongement naturel de la personne juridique, en tant qu'il constitue l'un de ses modes d'expression et d'action dans la société – le principal en ce qui concerne l'activité économique. Il est au demeurant remarquable que ce moyen repose sur une volonté bilatérale, sur le consentement de deux personnes – au moins. Cela manifeste que le contrat est un mode de gestion de moyen terme entre la société de hold-up – où l'on s'en dispense – et la société communiste, société mythique où il n'en serait plus besoin. Mais cela soulève aussi une question : savoir quel est le rôle exact de la volonté individuelle dans l'efficience juridique du contrat.

Section 3
Le débat relatif à l'analyse juridique du contrat

C'est un débat dont il est exclu qu'on puisse donner ici autre chose qu'un simple aperçu. On le fera en évoquant, quatre conceptions différentes : celle de l'autonomie de la volonté, d'abord (I) ; celle, ensuite, qui fait du contrat une simple situation juridique objective (II) ; celle, encore, de l'utile et du juste (III) ; celle, enfin, du volontarisme social (IV).

I - L'autonomie de la volonté

Quelque peu mythique – elle n'a jamais été affirmée telle quelle que par ses détracteurs – la théorie dite de l'autonomie de la volonté énonce que la volonté individuelle est dotée d'un pouvoir autonome de créer du droit, d'engendrer à elle seule des effets de droit.

C'est une conception qui est indissociablement liée à l'affirmation la plus brutale de l'existence des droits subjectifs, affirmation politique de la prééminence de la personne sur la puissance publique. L'autonomie de la volonté est le prolongement de cette affirmation sur le terrain de la vie sociale : l'individu est maître de ses engagements; il peut seul se lier par l'effet de sa volonté; c'est sa volonté qui détermine l'existence et la mesure de l'obligation qu'il souscrit.

Dans cette analyse, la force obligatoire du contrat repose directement et exclusivement sur la volonté du contractant : c'est parce qu'il l'a voulu, qu'il est obligé; et il ne peut l'être que dans la limite de ce qu'il a voulu; rien ne peut lui être imposé qu'il n'ait pas voulu.

Pareille conception réduit le contrat à un pur acte de volonté. La volonté est tout. C'est une vision assurément univoque du contrat, qui fait totalement l'impasse sur la réalité sociale et le rôle de la loi.

II - Le contrat, situation juridique objective

À l'opposé, en quelque sorte, de la précédente, c'est une conception qui vise à démythifier la volonté dans le mécanisme contractuel. Selon son promoteur – M. Rouhette – c'est la loi et elle seule qui consacre l'existence de l'obligation contractuelle, et elle le fait, non pas en considération des volontés des contractants, mais en tant que mécanisme régulateur des « centres d'intérêts » que représentent les parties.

Dans cette vision, le contrat n'est rien d'autre qu'une situation juridique à laquelle la loi attache des effets de droit. L'effet obligatoire, en particulier, est un effet purement légal : pour M. Rouhette, les contractants sont tenus au respect des engagements qu'ils ont consentis quoiqu'ils puissent vouloir; les engagements contractuels résultent de l'autorité de la loi.

Symétriquement opposée à la précédente, cette théorie érige la loi en maître absolu du mécanisme contractuel, reléguant les volontés individuelles dans la simple fonction d'expression d'intérêts entre lesquels la loi doit trancher.

Cette absolue subordination de la volonté individuelle à la loi est *trouvée* dans le fait qu'il n'est pas tenu compte de la volonté de tous les instants du sujet de droit, en particulier, le cas échéant, de sa volonté de revenir sur ce qu'il a précédemment déclaré vouloir, revirement de volonté auquel la loi s'oppose pour imposer le respect du contrat. C'est oublier que, pour affirmer celui-ci, la loi a bien pris en considération ce qui *a été voulu* par les contractants. Au reste, la théorie ne réduit pas le contrat à un simple fait juridique; elle le consacre même comme un « acte juridique normatif ».

III - L'utile et le juste

Ébauchée par Gounot au début du XXe siècle, cette théorie a été développée et systématisée par M. Ghestin à la fin de ce siècle. Le fondement de la force obligatoire du contrat se trouverait, en dernière analyse, dans la conformité du contrat aux principes d'utilité – sociale – et de justice.

Cette conception tend à réaliser une transaction réaliste entre les précédentes théories. Comme la conception objective, elle affirme que le principe obligatoire procède de la loi et non pas de la volonté individuelle. Mais elle voit dans celle-ci, sous la forme de l'accord de volontés – du consentement – le « critère » du contrat, c'est-à-dire le caractère spécifique de ce mode d'action autorisé par la loi. Toutefois, cette onction légale n'est pas à elle seule suffisante pour asseoir l'effet obligatoire du contrat : celui-ci « n'est obligatoire que parce qu'il est utile et à la condition d'être juste, c'est-à-dire conforme à la justice contractuelle ».

La transaction est en réalité fortement objective, et la remise en selle de la volonté purement nominale. La construction aboutit en effet à placer la volonté sous une double tutelle : celle de la loi, d'abord; celle du juge, par le biais du contrôle de l'utile et du juste, ensuite. De la sorte, elle a pour résultat, non seulement de dénier aux volontés individuelles tout pouvoir créateur de droit, mais encore, de partager ce pouvoir entre la loi et le juge, le rôle de ce dernier ne se limitant plus au contrôle du respect de la loi, mais s'étendant à la vérification de l'opportunité sociale de sa mise en œuvre, et cela en l'absence de toute habilitation particulière.

IV - Le volontarisme social

Plus respectueuse des volontés individuelles, une dernière conception, qui se veut également transactionnelle et réaliste, tend à voir dans celles-ci, non pas un pouvoir autonome mais un pouvoir – pouvoir *normatif* – délégué par la loi aux sujets de droit.

L'analyse affirme la *primauté de la loi* comme pouvoir créateur de droit. Mais elle constate que la loi opère une délégation partielle de ce pouvoir au bénéfice des personnes qui composent le corps social. Cette démarche légale est doublement logique : elle est une consécration de la personne juridique; elle porte remède à l'incapacité de la loi de tout régler et de tout prévoir. De la sorte, la volonté individuelle est bien dotée d'un pouvoir créateur de droit : elle a la charge de réaliser l'ultime ajustement de la règle de droit aux besoins de la vie sociale. Mais il s'agit d'un pouvoir qui n'est pas autonome : d'une part, il procède de la loi; d'autre part, il est soumis aux exigences de celle-ci et ne peut donc s'exercer que dans les conditions qu'elle a fixées.

La transaction laisse cette fois une place réelle à la volonté individuelle qui reste le fondement de l'effet obligatoire du contrat en ce que c'est bien la volonté des contractants qui décide la création de telles ou telles obligations, ajustées à leurs besoins.

Certes, la volonté des contractants ne peut pas tout faire, ni faire n'importe quoi : elle doit respecter les conditions que la loi a posées; elle doit se conformer aux règles que la loi édicte pour la sauvegarde des intérêts de la société et de ceux qui la composent. C'est au demeurant là qu'interviennent les considérations d'utilité et de justice, lesquelles se trouvent à la base de la décision du législateur et constituent ainsi le fondement de la règle de droit elle-même, le juge n'ayant d'autre mission que de contrôler le respect des conditions fixées par la loi. Il se peut, certes, que ces conditions impliquent une vérification *a posteriori* de l'opportunité sociale du contrat conclu, et donc de sa conformité à l'utile et au juste. Mais tel n'est pas le principe : il est en fait exceptionnel que la loi demande au juge d'opérer un tel contrôle.

La volonté individuelle apparaît de la sorte comme un pouvoir réglementé ou, mieux, encadré : le jeu des volontés individuelles est pris comme instrument de réalisation des besoins de la société – d'où l'appellation de *volontarisme social*. La volonté n'en est pas moins un pouvoir « initial » en ce qu'elle a l'initiative de la relation contractuelle : à défaut de volonté exprimée en ce sens, il ne peut y avoir de contrat.

C'est à cette dernière analyse que se rattache le présent ouvrage.

Lire aussi

- *Flour, Aubert et Savaux, Droit civil, Les obligations, vol. 1er, L'acte juridique, 9e éd., 2000, spéc. nos 94 et s.*
- *Ghestin, Traité de droit civil, La formation du contrat, 3e éd., 1993, spéc. nos 36 et s. et 223 et s.;*
- *Gounot, Le principe de l'autonomie de la volonté en droit privé, étude critique de l'individualisme juridique, thèse Dijon, 1912*

- *Ranouil, L'autonomie de la volonté, naissance et évolution d'un concept, préface J.-Ph. Lévy, 1980*
- *Richer, Droit des contrats administratifs, 1995, et, Les contrats administratifs, Connaissance du droit, 1991*
- *Rouhette, Contribution à l'étude critique de la notion de contrat, thèse Paris, 1965*

Chapitre II

L'accord de volontés

Quelle que soit la conception du contrat à laquelle on adhère, le constat s'impose que cet acte repose sur ce qu'il est convenu d'appeler un « accord de volontés », fruit de la rencontre des volontés des parties. Sauf le cas exceptionnel des contrats dont la formation est soumise à une exigence de forme (*supra,* p. 12 et *infra,* p. 95) cet accord de volontés détermine à lui seul, sitôt qu'il est réalisé, la formation du contrat, liant irrévocablement les parties.

Réserve faite de quelques éléments de la législation moderne, force est d'observer que la loi – en particulier le Code civil – se révèle d'une rare indigence à son sujet : la notion est visée, sous le nom de consentement, au titre des conditions de formation du contrat, mais rien n'est dit ni de ses composantes, ni de la manière dont il s'élabore. Deux analyses complémentaires permettent d'en livrer les différents aspects : une analyse statique, d'abord, qui en dévoile les composantes (Section 1); une analyse dynamique, ensuite, qui en décrit le processus d'élaboration (Section 2). Ces deux démarches donnent l'occasion de découvrir ce qu'on appelle la « volonté contractuelle » (Section 3), dont le particularisme est sans doute à l'origine de bien des malentendus.

Section 1
Les composantes de l'accord de volontés

L'accord de volontés correspond au consentement des contractants, c'est-à-dire au cumul des manifestations de leurs volontés de contracter. On s'accorde en général (cf. la Convention de Vienne du 11 avril 1980, sur la vente internationale de marchandises) pour décrire cet accord comme la conjonction d'une *offre* de contracter (I) et d'une *acceptation* (II).

I - L'offre

Le mot cache une notion complexe (A) dont le régime juridique demeure relativement incertain (B).

A - La notion d'offre

1 - Les caractères de l'offre

L'offre exprime une volonté de conclure un contrat. Elle correspond à une volonté très fortement caractérisée : la proposition *ferme* et *précise* de conclure tel contrat déterminé.

L'exigence de *fermeté* signifie que l'offre doit reposer sur la volonté d'être engagé dans le contrat proposé par le seul fait de l'acceptation par autrui du projet contractuel qu'elle décrit. Cela signifie que l'offrant laisse au destinataire de sa proposition le pouvoir de former le contrat par son acceptation. À défaut, si d'une manière ou d'une autre l'auteur de l'offre se réserve la faculté d'agréer ou de récuser la personne qui manifesterait sa volonté de conclure le contrat proposé, la proposition ainsi faite ne pourrait être qualifiée « offre de contracter ».

Quant à l'exigence de *précision,* elle se situe dans la logique de ce qui précède : d'une part, on conçoit mal un engagement ferme sur un projet flou; d'autre part, puisque l'acceptant est investi du pouvoir de former le contrat, mais sans avoir la faculté, comme on verra, de modifier en quoi que ce soit le projet contractuel dessiné par l'offre, il faut bien trouver dans celle-ci les éléments qui permettront de déterminer la substance du contrat – son contenu – et, notamment, de fixer les obligations des contractants. Aussi exige-t-on que l'offre comporte au moins l'indication des *éléments essentiels du contrat,* c'est-à-dire ceux qui sont déterminants de son économie : la chose vendue et son prix, dans la vente (art. 1583 et 1589, C. civ.); la chose donnée en jouissance, la durée de celle-ci et le prix, dans le louage de chose (art. 1709, C. civ.)... Il est naturellement toujours loisible à l'offrant d'être plus précis et de faire une offre plus détaillée.

À défaut d'une telle précision – sauf les cas où elle n'est pas exigée pour la formation du contrat (*infra*, p. 79 et s.) – la proposition de contracter ne saurait être qualifiée d'offre. Elle constitue alors un simple élément de négociation précontractuelle (cf. *infra*, p. 43 et s.).

2 - La manifestation de l'offre

Qu'elle soit spontanée ou provoquée, l'offre constitue toujours une expression de volonté à l'adresse de tiers. Il est acquis que cette manifestation de volonté peut être indifféremment *expresse ou tacite.* Réserve faite de ce que les exigences de fermeté et, surtout, de précision imposent souvent une formulation expresse – écrite ou orale – on admet en principe qu'une offre peut résulter d'un simple comportement, pourvu qu'il ne soit pas équivoque. Ainsi de l'exposition d'objets dans une vitrine.

Il est pareillement admis qu'elle est en principe valable, c'est-à-dire apte à être acceptée et à entraîner ainsi la formation du contrat, quelle que soit la *destination* qui lui a été assignée. À cet égard, il est d'usage de distinguer les *offres à personnes déterminées* et les *offres à personnes indéterminées.* Les premières se caractérisent par le fait que l'offrant a choisi spécialement le ou les destinataires de sa proposition contractuelle. Dans les secondes, que l'on désigne souvent sous le nom d'*offre au public,* ce choix préalable n'existe pas : l'offre consiste dans une invitation faite à un public qui peut être plus ou moins large, selon le cas, et il revient aux personnes qu'elle intéresse de se faire connaître de l'offrant en lui notifiant leur acceptation.

Toutefois, ce principe de validité des offres au public n'est pas absolu. Si le contrat proposé est l'un de ces contrats conclus *intuitu personae* où la considération de la personne du cocontractant est déterminante (*supra,* p. 12), la formation du contrat ne peut pas résulter de la seule réponse positive donnée par un membre de la collectivité des destinataires de la proposition contractuelle : l'auteur de cette dernière conserve sa faculté de choisir son partenaire contractuel – alors que cette faculté est immédiatement épuisée par le choix de destinataires déterminés de l'offre – et reste libre, sauf à ne pas commettre une discrimination prohibée (*infra,* p. 59), de s'opposer à la conclusion du contrat avec la personne qui se révèle à lui. En bref, l'acceptation ne suffisant pas alors à déterminer la formation du contrat, la proposition à laquelle elle répond ne peut être qualifiée d'offre (c'est une sorte d'appel d'offre, cf. *infra*, p. 44).

B - Le régime juridique de l'offre

La question tend à préciser les *effets produits par l'offre de contracter.* Elle impose de lever une équivoque, à savoir que l'offre n'a pas pour effet de former un contrat. Ce résultat est le fruit de la conjonction de l'offre *et* de l'acceptation. Le problème est ici de rechercher les effets propres de l'offre : ceux qu'elle engendre à elle seule.

Ainsi posée, la question se réduit à peu de choses, mais d'importance pratique certaine : il s'agit de déterminer la durée d'efficacité de la proposition de contracter. Il est sûr, en effet, que l'efficience de l'offre ne peut être restreinte au temps de son expression, sous peine de contredire directement la définition de cette proposition de contracter qui se caractérise par la volonté d'être lié par son acceptation… Sous peine, aussi, d'organiser ainsi une succession de discours inutiles ! Par elle-même, l'offre implique une idée de durée, d'engagement dans le temps : la volonté exprimée survit nécessairement au temps de son expression. Mais cette constatation ne règle pas tout. Il reste à savoir le temps de cette survie et ses conditions. Les réponses passent par une prise de position sur la *nature juridique* de l'offre.

1 - La nature juridique de l'offre

D'un débat particulièrement complexe on retiendra trois propositions, en considération des notions d'acte et de fait juridique (*supra,* p. 1).

En *principe,* l'offre doit être regardée comme un *fait juridique,* dont les effets sont commandés par la loi. Ce principe trouve sa justification dans cette considération que le contrat est un moyen essentiel d'établissement des relations socio-économiques dont il revient à la société d'organiser le processus de formation. Des effets de droit, dictés par la sécurité juridique – l'intérêt social commande que l'on puisse accorder foi aux offres reçues – seront attachés à l'offre en dépit de l'absence de toute volonté manifestée à ce propos.

Par *exception,* et sous réserve de ne pas porter atteinte à ces exigences sociales minimum, l'offre peut prendre la nature d'*acte juridique,* lorsqu'adressée à une ou plusieurs personnes déterminées, elle est en outre assortie d'une manifestation de volonté précise quant à sa durée. En s'exprimant ainsi, l'offrant s'engage personnellement, sur cette durée, envers le ou les destinataires de sa proposition.

À ces deux indications, il faut encore ajouter que l'offre n'est pas n'importe quel acte ou fait juridique : elle est aussi, dans les deux cas, un *élément d'acte juridique.* Cela paraît imposer sa soumission au régime de preuve des actes, lequel exige, en principe, la preuve par écrit (art. 1341, C. civ. – Exception pour les contrats commerciaux, entre commerçants, art. 109, C. com.).

2 - Les effets de l'offre

Une première question est de savoir quelle est la *maîtrise* dont bénéficie l'offrant sur son offre : concrètement, est-il libre de la remettre en cause à tout moment, de la rétracter à son gré ?

La réponse dépend de la nature reconnue à l'offre considérée :

— S'agit-il d'un *fait juridique,* l'offrant a le droit – principe de liberté – de rétracter sa proposition comme il lui convient. Mais la liberté qui lui est ainsi reconnue n'est pas absolue : la sécurité juridique des destinataires de l'offre, au moins lorsque celle-ci a été adressée à des personnes déterminées, donc choisies par l'offrant, s'accommode mal de rétractations intempestives. Aussi la jurisprudence exige-t-elle le respect d'un *délai moral,* temps suffisant de réflexion pour permettre au destinataire de l'offre de prendre parti. Faute de respecter ce délai, l'auteur de l'offre engagera sa responsabilité à la mesure du dommage causé à son interlocuteur par la rétractation intempestive (remboursement de frais engagés en pure perte, notamment). Du moins sa rétractation sera-t-elle efficace : elle empêchera toute acceptation survenue ultérieurement de former le contrat.

— S'agit-il au contraire d'un *acte juridique,* les solutions changent radicalement. L'hypothèse est que l'offrant a énoncé dans son offre que celle-ci serait valable jusqu'à telle date précisément déterminée, ou que l'acceptation devrait en être donnée avant cette date. La volonté ainsi clairement manifestée engage son auteur : il ne peut révoquer son offre pendant le délai qu'il a fixé ; et s'il prétend opérer une telle révocation, celle-ci ne pourra pas empêcher qu'une acceptation, postérieure mais donnée dans le délai, entraîne la formation du contrat. Le délai fixé par l'offrant oblige celui-ci. En revanche, sitôt le délai expiré, aucune acceptation ne peut plus survenir utilement : l'offre est frappée de *caducité* par l'expiration du délai.

Il reste à envisager le sort de l'offre en l'absence de toute manifestation de la volonté de l'offrant quant à sa durée – fixation d'un délai ou rétractation. Il faut encore distinguer :

— Si l'offre a la nature d'un *fait juridique,* elle perdure normalement tant qu'elle n'est pas rétractée. Cependant, outre le fait que cette rétractation peut être tacite – par exemple, l'offrant formule de nouveau son offre, mais au profit d'une autre personne, ou à des conditions différentes… – on tend à admettre, au nom de la sécurité juridique là encore, que l'offre doit s'éteindre, par voie de caducité, au bout d'un temps raisonnable, qu'il revient au juge d'apprécier le cas échéant. Hors de là, la jurisprudence décide que l'offre est encore frappée de caducité par le *décès* de l'offrant. La même solution paraît s'imposer s'il vient à être frappé *d'incapacité.*

— Quant à l'offre qui revêt la nature d'un *acte juridique,* son régime est plus simple. Elle dure tout le temps du délai, et disparaît à l'expiration de celui-ci, sans qu'il soit besoin de la révoquer : elle est alors caduque. Elle l'est également lorsque l'offrant devient *incapable* pendant le délai. En revanche, le décès de l'offrant n'a pas un tel effet : s'il vient à mourir au cours du délai, l'obligation de maintenir l'offre est normalement transmise à ses héritiers qui se trouvent purement et simplement placés dans la situation de leur auteur.

Il est certainement regrettable que de tels principes de solution, éventuellement amendés, ne soient pas fermement posés par la loi. L'exposé qui précède fait abstraction de multiples incertitudes, beaucoup trop nombreuses. Et ce ne sont pas les quelques solutions éparses, occasionnellement adoptées par la loi – par exemple, l'obligation de maintien de l'offre de crédit pendant un délai de 15 jours édictée par l'article L. 311-8 du Code de la consommation – qui peuvent rassurer : elles risquent tout au contraire d'être perçues comme la justification d'une abstention de légiférer sur un plan général, ce qui est sans doute un mal contemporain.

II - L'acceptation

L'acceptation appelle de moindres développements.

A - La notion d'acceptation

L'acceptation n'est rien d'autre que l'expression de la volonté du destinataire de l'offre de conclure le contrat qui lui a été proposé. Elle est régie par un **principe d'identité** à l'offre (cf. *infra*, B) selon lequel l'acceptation ne doit rien modifier de celle-ci, ni rien en retrancher, ni rien y ajouter. En bref, l'acceptation est un pur agrément de l'offre à laquelle elle répond.

Destinée à être portée à la connaissance de l'offrant, elle doit nécessairement être exprimée. Il est acquis qu'elle peut l'être de manière *expresse* – « oui », ou encore, « j'accepte » – ou de façon *tacite,* par exemple par l'exécution directe du contrat proposé (cf. art. 1985, al. 2, C. civ., pour le mandat). En revanche, le *silence* conservé par le destinataire de l'offre ne vaut pas acceptation de celle-ci. La jurisprudence écarte cependant cette solution, de façon exceptionnelle, lorsque ce silence intervient dans des circonstances particulières, par exemple, l'existence de relations contractuelles de même nature dans les rapports antérieurs des parties. Elle admet même que le silence du destinataire emporte acceptation de l'offre lorsque celle-ci était faite dans son intérêt exclusif. La solution de va pas sans contradiction lorsqu'elle a pour résultat de mettre – ou de confirmer – une obligation à la charge de « l'acceptant ».

B - L'efficacité de l'acceptation

En vertu du principe d'identité évoqué précédemment, l'efficacité de l'acceptation – c'est-à-dire son aptitude à provoquer la formation du contrat – est d'abord subordonnée à sa parfaite *conformité à l'offre.* Le principe est que la moindre discordance – changement, même minime, des caractéristiques de l'objet du contrat ; différence de prix, ou des modalités de son paiement ; modification de la date ou du lieu de livraison... – fait obstacle à la formation du contrat.

Cela ne signifie pas que la réponse ainsi donnée à l'offre soit dépourvue de toute portée, mais seulement qu'elle ne peut avoir pour résultat de lier contractuellement l'offrant.

Techniquement, cette réponse constitue une *contre proposition* qui emporte deux effets principaux : d'une part, parce qu'elle équivaut à une offre, elle installe celui qui la fait dans la qualité d'offrant à l'égard de l'auteur de l'offre initiale, lequel peut, si cela lui convient, décider d'accepter cette offre nouvelle. Le contrat est alors conclu aux conditions de l'offre initiale telle que modifiée par la contre proposition. D'autre part, et en renfort de ce changement des positions respectives des parties, la contre proposition a pour effet d'entraîner la caducité de l'offre à laquelle elle répond. C'est la sécurité juridique de l'offrant initial qui l'exige.

L'efficacité de l'acceptation est subordonnée à une seconde exigence : qu'elle ait été *donnée en temps utile.* Si l'offre acceptée a la nature d'un fait juridique, cela impose que l'acceptation intervienne avant que cette offre n'ait été rétractée, antériorité qu'il n'est pas toujours aisé de vérifier. S'il s'agit au contraire d'une offre constitutive d'un acte juridique – offre à personne déterminée avec délai – il faut, et il suffit, que l'acceptation soit donnée dans le délai stipulé.

Reste alors à préciser l'effet exact de l'acceptation, en ce qu'elle transforme en contrat, obligatoire pour les deux parties, le projet contractuel qu'avait défini l'offre.

Si cette offre était réduite aux éléments essentiels du contrat, celui-ci est irrévocablement formé à ces conditions. Ce contrat « de base » pourra ensuite être complété, pour les détails de son fonctionnement (conditions de paiement, lieu de livraison, tribunal compétent en cas de litige...), par des conventions complémentaires conclues par les contractants. À défaut d'accord entre eux, ce sont les règles du droit commun qui auront vocation à s'appliquer.

Si au contraire l'offre était très précisément détaillée, l'acceptation a pour effet, même réduite à un simple « oui », de valider l'ensemble de son contenu. Il n'est pas besoin d'une acceptation sélective de ses différents éléments. Ce principe d'**efficacité globale** ne comporte qu'une limite : il ne peut jouer qu'au regard de ce qui a été effectivement porté à la connaissance du destinataire de l'offre; un élément qui ne l'aurait pas été, ou qui ne l'aurait été que de manière trop équivoque pour être clairement perçu, devrait être retranché de la convention intervenue.

L'analyse statique de la formation du contrat, et la distinction qu'elle permet de l'offre et de l'acceptation comme composantes de l'accord de volontés, ne révèlent qu'un aspect, certes essentiel, de la réalisation de cet accord, sa phase finale. L'analyse dynamique y apporte un complément éclairant en mettant en lumière le processus d'élaboration de cet accord de volontés.

Section 2
Le processus d'élaboration de l'accord de volontés

Le plus souvent, l'offre et l'acceptation sont précédées d'une *négociation précontractuelle* (I), qui peut d'ailleurs fort bien avoir été instaurée sur la base d'une première offre. C'est un élément de complexité d'importance pratique considérable. Il en est un autre, qui tient au fait que les parties ne traitent pas en présence l'une de l'autre, ce qu'évoque bien l'appellation *de contrats par correspondance* (II).

I - La négociation précontractuelle

Elle peut être définie comme un mouvement dialectique qui s'inscrit entre deux pôles extrêmes : la recherche indécise d'un contrat (la conclusion d'un contrat est envisagée comme une simple éventualité) d'une part ; et, d'autre part, la réalisation de l'accord contractuel. Entre ces deux bornes, toute les situations peuvent se présenter; il n'y a pas, en droit, de schéma obligé. On se bornera à préciser quelques situations juridiquement caractérisées, qui sont autant de repères possibles, en dépit d'une terminologie assez incertaine, dans un ensemble naturellement fluide. Il en est qui sont le fait d'une volonté unilatérale (A); d'autres se présentent au contraire comme des contrats préparatoires (B).

A - Volontés unilatérales

L'*offre* et l'*acceptation* sont évidemment des illustrations caractéristiques de ces volontés unilatérales. Il suffit de noter à leur propos que si l'acceptation marque inexorablement le terme de la négociation, et de façon positive, l'offre peut indifféremment en constituer l'amorce ou n'apparaître que dans le cours même d'une négociation qui se sera nouée dans d'autres conditions.

Tel est le cas, notamment, lorsqu'une personne procède à un *appel d'offres,* ce qui suppose, dans l'esprit de son auteur, l'existence d'un projet contractuel assez nettement caractérisé, beaucoup plus que dans le cas de la simple *invitation à négocier,* laquelle peut ne comporter aucun préjugé quant à la nature du contrat à conclure (par exemple, pour l'obtention d'un matériel industriel : location, vente, crédit-bail...). L'appel d'offres implique en principe une volonté contractuelle plus spécifiée. Mais cette technique recouvre des réalités très différentes.

Il peut s'agir, dans la ligne directe de son appellation, de la description d'un objet précisément déterminé – par exemple une prestation de service, avec ses différentes exigences – pour laquelle les destinataires sont invités à formuler des offres parmi lesquelles l'auteur de l'appel d'offres sélectionnera celle qui lui convient le mieux, s'il en est une. Sinon, il pourra soit formuler une contre proposition, soit même abandonner son projet. Ce qui montre que cet appel d'offres n'engage pas son auteur, pas plus que la simple invitation à négocier.

Mais cela n'est pas toujours vrai, notamment en matière de marchés publics. L'Administration peut en effet avoir formulé son appel d'offres en s'engageant à conclure avec le candidat classé premier (appel d'offres avec concours) ou avec celui qui proposera le meilleur prix, le « mieux disant » (appel d'offres collectif). Alors, l'appel d'offres engage au moins autant qu'une offre de contracter-acte juridique.

Il existe aussi ce que la pratique dénomme parfois *lettres d'intention.* La formule n'a pas de sens bien défini et s'applique aussi bien à des actes extérieurs au processus contractuel proprement dit – octroi de garanties financières, par exemple – qu'à des actes de négociation. Il s'agit alors soit de constats de l'avancement d'une négociation, soit de véritables accords relatifs à cet avancement.

B - Contrats préparatoires

Il est en pratique très fréquent que la négociation contractuelle soit l'occasion d'accords de volontés partiels qui préparent la conclusion finale d'un contrat déterminé, étant seulement observé que nombre de ces « contrats préparatoires » peuvent aussi bien être conclus directement, sur la base d'une simple offre, et hors de toute négociation contractuelle proprement dite.

Ces contrats sont multiples et répondent à des préoccupations variées : par exemple, fournir des informations précises – contrat d'essai de matériel – ou garantir le secret des informations échangées – convention de confidentialité... On se bornera à évoquer ici, en s'en tenant aux plus significatifs d'entre eux, les contrats qui sont caractéristiques d'un stade déterminé du développement de la négociation.

Méritent d'être signalés, d'abord, les *accords de principe,* encore appelés, abstraction faite de multiples nuances, *contrats de négociation,* ou *contrats de pourparlers,* voire *lettres d'intention.* Ce sont, pour l'essentiel, des conventions par lesquelles les parties s'engagent à poursuivre les négociations – certains points d'accord pouvant, le cas échéant, être expressément constatés par le biais d'*accords partiels* (encore appelés *protocoles d'accord*) – en vue de la conclusion d'un contrat dont le cadre général, au moins, est défini. Cela signifie que les parties ne s'obligent pas à conclure ce contrat, mais seulement à poursuivre – le cas échéant, à entreprendre – *de bonne foi* la négociation de ses conditions, cela à peine de responsabilité.

Obligatoires aussi, mais d'une autre manière, sont les *pactes* ou *conventions de préférence.* Ce sont des contrats par lesquels une personne s'engage envers une autre à lui offrir par priorité la conclusion d'un contrat – souvent la vente de tel ou tel bien – pour le cas où elle viendrait à décider de conclure ce contrat. Le bénéficiaire d'un tel contrat de priorité ne supporte aucun engagement, tandis que celui qui le consent s'oblige, non pas à conclure le contrat – il peut très bien ne jamais le faire – mais, s'il décide un jour de le faire, à en offrir la conclusion à ce bénéficiaire. La méconnaissance de cet engagement le constituerait responsable.

Les *promesses unilatérales de contrat* se situent à un stade plus avancé, plus proche de la conclusion du contrat. Il s'agit de conventions par lesquelles une personne s'engage envers une autre, qui l'accepte, à conclure avec elle un contrat dont au moins les conditions essentielles sont fixées, si le bénéficiaire de cet engagement exprime sa volonté de former ce contrat (on dit : *s'il lève l'option*). Normalement, cet engagement est souscrit pour un délai déterminé, à défaut de quoi le promettant ne pourrait se délier de sa promesse qu'à l'expiration d'un délai raisonnable et, estime-t-on en général, après avoir mis le bénéficiaire en demeure de prendre parti.

En dépit d'arrêts contraires, il est admis le plus souvent que cette promesse est particulièrement contraignante pour le promettant : il a d'ores et déjà donné son consentement au contrat promis, de telle sorte qu'il est obligé, en cas de levée d'option par le bénéficiaire, d'établir l'acte définitif. Faute par le promettant de respecter cette obligation, le bénéficiaire pourrait demander au juge de constater la formation du contrat et le jugement constituerait le titre contractuel. Au contraire, le bénéficiaire conserve sa liberté : il est libre de conclure le contrat en levant l'option dans le délai convenu, ou de renoncer au contrat en laissant ce délai s'écouler. Ce faisant, il n'engage aucunement sa responsabilité (mais il peut avoir été convenu que le bénéficiaire, dans ce cas, devra une indemnité fixée par la promesse).

Méritent encore d'être signalés, quoiqu'ils représentent un cas-limite en ce qu'ils constituent des contrats opératoires par eux-mêmes, les *contrats cadres* de la distribution. Il s'agit de conventions établissant une relation de dépendance entre un fournisseur et un autre agent de l'activité économique, en vertu de laquelle le second s'oblige envers le premier à conclure avec lui des contrats d'exécution, ou *contrats d'application* – généralement des ventes – portant sur des produits définis et pour des prix dont les éléments de détermination sont prévus de façon plus ou moins précise selon les cas (cf. *infra*, p. 80 et s.). Abstraction faite de diverses difficultés, ces contrats obligent à tout ce qui est précisément déterminé, et, pour tout ce qui ne l'est pas, à contracter de bonne foi.

II - Les contrats par correspondance

L'hypothèse est que les contractants, au lieu de traiter en présence l'un de l'autre, négocient à distance. Il est plus difficile, alors, de dire où et quand le contrat s'est formé, questions auxquelles sont attachés des intérêts d'importance variable : application d'usages locaux; validité du contrat au regard de la capacité du contractant... De multiples théories ont tenté, assez vainement, d'y mettre un peu d'ordre. On se contentera de les évoquer en distinguant les *théories psychologiques* (A) des *théories réalistes* (B).

A - Les théories psychologiques

Elles sont « psychologiques » en ce qu'elles se fondent sur une analyse du consentement.

Pour les unes, ce consentement – l'accord de volontés – est réalisé par la seule *coexistence* de deux volontés conformes. Mais, selon les uns, cette coexistence se situe au moment de la *déclaration* de l'acceptation, tandis que d'autres, exigeant que l'acceptant se soit dessaisi de son acceptation, la fixent à l'instant de son *émission* (remise à la poste).

Selon d'autres encore, l'accord de volontés suppose que chacun ait connaissance de la volonté de son partenaire. Mais, de nouveau, les opinions se partagent : alors que certains exigent que l'offrant soit *informé* de l'acceptation, les autres se contentent de ce qu'il l'ait *reçue*.

Écartelées quant au critère de l'accord de volontés – déclaration, émission, information, ou réception – ces théories se rejoignent en revanche pour admettre que le critère retenu règle à lui seul trois questions : celle de savoir si le contrat est formé (par exemple, dans la théorie de la réception : une révocation de l'offre après ce moment ne peut plus faire obstacle à la formation du contrat); celle de la datation du contrat (même exemple : date de la réception de l'acceptation); celle, enfin, de la fixation du lieu du contrat (même exemple : le lieu de réception de l'acceptation).

B - Les théories réalistes

Elles ont en commun de considérer que les analyses du consentement sont artificielles en ce qu'elles postulent une coïncidence des volontés qui est proprement invérifiable. En conséquence une approche réaliste apparaît préférable, le réalisme consistant à trancher les questions en fonction des intérêts en présence. Sur cette base, cependant, des positions différentes se sont développées.

Une première théorie se fonde sur une appréciation globale de la situation selon laquelle le choix de la négociation à distance comporte des risques (retards des transmissions dus à des incidents techniques, pertes de documents...). Ces risques doivent peser sur celui qui a pris l'initiative de la négociation à distance, le plus souvent l'offrant. Observant alors que la prise en compte de l'émission de l'acceptation emporte les solutions les plus favorables à l'acceptant – en particulier il sait tout de suite, lorsqu'il l'expédie sans avoir reçu de rétractation de l'offre, que le contrat se trouve définitivement formé – les tenants de cette analyse affirment que c'est ce critère qu'il convient de retenir pour déterminer si le contrat est formé, en quel lieu et à quelle date. Pour autant, la théorie ne coïncide pas avec la théorie « psychologique » de l'émission. En effet, s'il apparaît que, suite à une contre proposition, c'est finalement l'offrant initial qui a été mis en position d'acceptant, on abandonnera le critère de l'émission au profit de celui de la réception afin de maintenir à sa charge les risques qu'il avait pris en ayant l'initiative d'une négociation à distance.

Une autre théorie diversifie les solutions en observant que la formation du contrat, d'une part, et la localisation du contrat dans l'espace et dans le temps, d'autre part, sont en réalité des problèmes différents qui ne peuvent être traités ni de la même manière ni simultanément.

La question de *la formation du contrat,* question préalable, est de pure technique juridique. Sa solution dépend des caractéristiques de l'offre de contracter. En simplifiant beaucoup :

— s'il s'agit d'une *offre-fait juridique,* le contrat est formé dès lors que l'acceptant a manifesté sa volonté – critère de *l'émission* – avant qu'une rétractation de l'offre lui ait été notifiée. La solution tient à ce que le destinataire de l'offre, saisi par l'initiative d'un tiers, n'a à tenir compte que de ce dont il est informé. L'idée rejoint celle de l'attribution des risques. Mais l'offrant pourrait en décider autrement et subordonner la formation du contrat à son information de l'acceptation. C'est alors le critère de la *réception* qu'il faudrait appliquer ;

— Si, au contraire, l'offre a la nature d'un *acte juridique* – offre à personne(s) déterminée(s) comportant un délai – la formation du contrat résulte nécessairement de la *réception* de l'acceptation par l'offrant dans le délai qu'il a fixé et qui implique par lui-même, sauf stipulation contraire, cette exigence d'information.

Une fois acquise la formation du contrat, la question se pose de savoir – et elle ne se pose qu'à partir de ce moment – en quel lieu il convient de localiser le contrat et quelle date doit lui être attribuée. Ce sont là des questions de pur fait qui doivent être tranchées en fonction des circonstances de chaque espèce.

La localisation du contrat dans l'espace est purement artificielle : les volontés ne se « rencontrent » que dans l'abstraction. Il faut donc seulement choisir un lieu utile, en fonction des circonstances. Ainsi pour fixer les usages locaux applicables, ce peut être le lieu où l'offrant a pris l'initiative du contrat (après tout, c'est lui qui a la maîtrise de la substance du contrat et cette localisation correspond à son intention probable), à moins que ce lieu ait été fortuit (déplacement professionnel, par exemple).

Quant à la fixation de la date du contrat, elle coïncidera normalement avec l'événement qui en a marqué la formation – émission ou réception de l'acceptation, selon le cas. Mais il peut en aller autrement. S'il s'agit, par exemple, de situer le contrat par rapport à un changement de législation – pour savoir s'il est soumis à la loi nouvelle ou à l'ancienne – il peut sembler plus judicieux de tenir compte du premier moment de coexistence certaine des deux volontés concourantes, ce qui désigne le moment de l'émission de l'acceptation.

Il faut bien reconnaître que tout cela est fort complexe. La jurisprudence ne l'est pas moins et ne coïncide exactement avec aucun des systèmes qui ont été présentés. La question demeure largement incertaine au grand dam de l'exigence de sécurité juridique. Du moins cela fournit-il quelques éléments d'appréciation sur la notion de volonté contractuelle.

Section 3
La volonté contractuelle

Les observations faites à propos de l'accord de volontés sont de nature à mettre en lumière le particularisme de la volonté contractuelle, et, peut-être, à lever du même coup certaines ambiguïtés. La volonté contractuelle est une volonté juridique (I); elle n'en est pas moins une volonté véritable (II).

I - Volonté juridique

L'appellation « volonté contractuelle », et moins encore celle de « volonté individuelle », à laquelle il est souvent fait référence pour évoquer la volonté de chacun des contractants, ne doivent pas faire illusion : il ne s'agit pas d'une pure volonté, d'une volonté purement psychologique.

Cela se vérifie facilement. Tant l'analyse des composantes de l'accord de volontés que celle de sa réalisation font apparaître que la volonté « contractuelle » qui est attribuée au contractant peut fort bien ne pas correspondre à sa volonté véritable. C'est inhérent au fait que la durée d'efficience de la manifestation de volonté, celle de l'offre notamment, n'est pas réduite au temps de son expression (*supra,* p. 38 et s.). C'est ce qui résulte, en particulier, de ce qu'il n'est pas tenu compte de la volonté de rétractation de l'offre exprimée par l'offrant – que dire des intentions non encore déclarées ! – soit parce qu'elle l'a été en contradiction avec le délai offert, soit parce qu'elle a été devancée par l'acceptation. Il peut ainsi arriver que l'accord de volontés se trouve réalisé, et le contrat formé, en dépit d'une volonté – psychologique – contraire.

La volonté contractuelle n'est rien d'autre qu'une volonté « juridique », c'est-à-dire une volonté saisie par le droit, et dont l'auteur perd la pleine maîtrise. Cela tient à ce que cette volonté est une *volonté coactive,* dont l'efficience suppose l'appui d'une autre volonté que, précisément, elle recherche. Cette dimension particulière, qui lui confère la nature d'un fait social à laquelle le droit ne peut pas rester indifférent, fonde une première contrainte – avant celle, définitive, qui résultera de l'accord de volontés – à défaut de laquelle la vie sociale, livrée aux fantaisies de chacun, n'engendrerait que désillusions, rancœurs et désordres. La volonté contractuelle se révèle ainsi comme étant autre chose que la seule volonté de l'individu ; c'est une volonté qui doit composer avec des considérations sociales et qui, de ce fait, n'a pas besoin d'être à tout moment répétée pour durer : c'est une volonté qui ne s'épuise pas avec son expression.

Dans ces conditions, l'accord de volontés comporte une part de fiction en ce qu'il semble affirmer la simultanéité des volontés considérées, alors qu'il se borne à consacrer la coexistence de *manifestations de volontés* qui ne peuvent être remises en cause que sous, et dans, certaines conditions. Pour autant, la volonté contractuelle n'en est pas moins une volonté véritable.

II - Volonté véritable

Sans doute faut-il observer, d'abord, que la fiction relevée n'atteint l'accord de volontés qu'en tant qu'il est présenté comme donnée générale : cette généralité est démentie par le fait qu'il y a des cas où il ne correspond plus à une volonté réelle au moment où il se réalise juridiquement. Or on peut penser que cette sorte de situation demeure statistiquement marginale. Mais là n'est pas l'essentiel.

La contestation du rôle de la volonté dans la genèse de l'engagement juridique a parfois été menée en considération d'une jurisprudence relative aux engagements dits « d'honneur ». Il n'est pas sûr que pareille conclusion s'impose.

L'hypothèse est qu'une personne, à l'occasion de relations économiques, souvent « d'affaires », a souscrit un engagement, suffisamment précis, mais spécifié comme « engagement d'honneur », c'est-à-dire dépourvu, selon la volonté de son auteur, de toute portée juridique : il y a bien volonté de s'engager mais refus de s'engager juridiquement. La jurisprudence, cependant, décide très souvent de consacrer l'engagement juridique du promettant. On en a déduit que la volonté des parties n'aurait qu'un rôle secondaire, le droit tout puissant saisissant la situation ainsi créée par les sujets de droit pour en faire une situation juridique, contre leur volonté.

On peut pourtant procéder à une analyse différente qui n'aboutit pas à la même conclusion. Il suffit pour cela d'observer que la question de l'engagement d'honneur est moins relative à la fonction normative des volontés individuelles qu'à la question de savoir si les sujets de droit ont la maîtrise de l'*application de la règle de droit* : peuvent-ils, de leur seule volonté, se soustraire à la règle de droit, et cela de façon immédiate ?

Pour répondre à cette interrogation on recourt parfois à l'opposition de l'ordre juridique *impératif* – qui imposerait une réponse négative – à l'ordre juridique *supplétif* – qui permettrait l'affirmative. Une telle réponse n'est cependant pas pertinente : le supplétif autorise le choix d'un *aménagement juridique différent* en permettant de se soustraire à la règle édictée ; il n'implique pas que l'on puisse se soustraire au droit. Cette réponse méconnaît la nature même du droit, système d'organisation de la vie sociale. Or il est permis de penser que dès l'instant qu'il adopte une démarche qui est objectivement de nature sociale et qui relève, par sa substance, de l'ordre juridique, le sujet de droit ne peut récuser celui-ci.

Un rapprochement avec le mécanisme de l'*obligation naturelle* (art. 1235, C. civ.) est éclairant : ce mécanisme permet au droit de se saisir, parfois et sous certaines conditions, de situations qui relèvent *a priori* de la morale (par exemple, donner force juridique à une assistance alimentaire que la loi ne prévoit pas mais qui a été spontanément promise). C'est une démarche normale, en ce qu'il revient au droit de prendre parti sur ce qui est socialement utile : il peut ainsi étendre son empire à une situation qui lui échappe ordinairement, mais qu'il lui apparaît opportun de fixer. Le mouvement inverse n'est pas acceptable : il n'appartient pas aux sujets de droit de délimiter à leur convenance le domaine du droit.

En bref, l'engagement « d'honneur » ne peut prétendre rivaliser avec l'engagement juridique : chacun est libre de s'engager ou de ne pas s'engager; nul ne peut s'engager et prétendre se soustraire à la contrainte du droit – prétention dont il est d'ailleurs permis de penser qu'elle est empreinte d'une irréductible contradiction. Le droit, pourrait-on dire, est jaloux de ses prérogatives et saisit l'engagement exprimé dès lors qu'il présente les caractéristiques objectives de la volonté juridique : qu'il existe une intention caractérisée et qui s'applique à un aménagement patrimonial défini de façon suffisamment précise. Ce qui revient à dire que la volonté individuelle est bien dotée d'un pouvoir normatif, même si elle n'a pas le choix de *l'ordre* normatif dans lequel elle prétend intervenir. De manière imagée on dira que le droit prend le sujet « au mot ». Ce n'en est pas moins *son* mot.

Pour ce qui est de la volonté contractuelle, on est bien fondé à y voir une véritable volonté, en ce qu'elle repose nécessairement sur une intention précise et clairement exprimée par le sujet, et selon sa décision. À défaut d'une telle volonté, il n'y a rien.

Cela étant, il faut souligner que c'est une volonté soumise au droit, et qui se trouve de ce fait, pour des raisons d'ordre social – de sécurité juridique – soustraite à la maîtrise complète de la personne de manière, notamment, à s'inscrire dans la durée nécessaire aux relations sociales. Cela peut entraîner parfois un déphasage entre cette volonté juridiquement active, et la volonté réelle du sujet, sa volonté de tous les instants. La volonté contractuelle est donc une volonté véritable du sujet, mais en quelque sorte détachée de lui, et par là-même figée par comparaison avec les continuelles fluctuations de la volonté psychologique. C'est, d'une certaine manière, une volonté qui cesse de s'appartenir pleinement dès le moment de son expression, pour ne plus s'appartenir du tout lorsque l'accord de volonté est réalisé. Le « voulu » que consacre le droit sous la forme de l'accord de volontés peut donc ne pas coïncider avec le voulu réel, celui de tous les instants. Pourrait-il en aller autrement sans sortir du droit et de la sécurité qu'il implique ?

L'examen des conditions de la formation du contrat apporte d'autres vérifications de cette distanciation du juridique par comparaison avec le psychologique.

Lire aussi

- *Aubert, Notions et rôles de l'offre et de l'acceptation dans la formation du contrat, préface J. Flour, 1970*
- *Audit, La vente internationale de marchandises, 1990*
- *Laude, La reconnaissance par le juge de l'existence d'un contrat, thèse Aix, 1993*
- *Oppetit, « L'engagement d'honneur », D. 1979, Chr. 107*
- *Schmidt, Négociation et conclusion de contrats, 1982.*

Chapitre III
La formation du contrat

L'accord de volontés, mécanisme fondateur du contrat, est « la » condition d'existence de celui-ci. Mais la loi ne se satisfait pas de n'importe quel accord de volontés ; elle subordonne la formation du contrat à diverses *conditions* qui débordent l'accord de volontés lui-même (Section 1) et dont l'inobservation est sanctionnée, principalement, par la *nullité du contrat irrégulier* (Section 2).

Section 1
Les conditions

C'est l'article 1108 du Code civil, texte de droit commun, qui les désigne, sauf l'une d'elles, qui est d'exception. Elles marquent l'importance que la loi attache à la volonté contractuelle à laquelle elles se rapportent toutes, soit directement, comme c'est le cas pour l'exigence d'*un consentement libre et éclairé* (I), soit indirectement, avec celle d'une *substance contractuelle définie* (II), et même lorsqu'elles tendent à en limiter l'efficience, que ce soit par *soumission à des normes supérieures* (III) ou sa *subordination à une règle de forme* (IV).

I - Un consentement libre et éclairé

La formation du contrat exige une volonté « de qualité », pourrait-on dire, qui suppose *liberté* (A) et *lucidité* (B).

A - Liberté

C'est de liberté du « vouloir » qu'il s'agit ici, par opposition à la liberté du « voulu », laquelle concerne la substance même du contrat (*infra*, p. 77 et s.). De façon classique on en distingue plusieurs composantes : la *liberté de contracter ou de ne pas contracter,* et la *liberté de contracter avec qui l'on veut.*

Il faut cependant observer, avant d'en prendre la mesure, que cette liberté est et ne peut être que celle de l'homme social, c'est-à-dire non pas un pur esprit d'essence supérieure mais un être animé par des désirs et soumis à des besoins. Ce n'est donc sans doute pas de « la » liberté qu'il s'agit, mais seulement d'une liberté, liberté du moins essentielle comme étant celle qui fait de l'homme un être responsable et qui assure sa dignité. Aussi la loi veille-t-elle à sa protection.

1 - Le principe de liberté et ses limites

Tout sujet de droit est libre de contracter, sous réserve qu'il en soit capable (*infra*, p. 63), même s'il n'est pas admis à conclure n'importe quel contrat, ce qui relève de l'ordre public et de la substance du contrat (*infra*, p. 77 et s., et 86 et s.). Abstraction provisoirement faite de cette double réserve, la liberté *de contracter* ne pose pas de question en tant que telle.

Il n'en va pas de même de son pendant nécessaire, la liberté *de ne pas contracter.* C'est la spontanéité de la décision de contracter, et par là-même la réalité du « vouloir contractuel », qui se trouve alors en cause. Cette liberté existe de façon quasiment absolue. Il n'en est pas moins vrai qu'elle supporte quelques altérations dont la plus connue est sans doute l'*obligation de s'assurer* qui s'applique à diverses catégories de personnes, tels les automobilistes, les constructeurs, les avocats, les notaires... L'atteinte ainsi portée à la liberté reste cependant faible en ce que la contrainte ne va pas jusqu'au contrat forcé (l'expropriation ne relève pas de la catégorie des contrats mais constitue une acquisition unilatérale forcée) : sauf à engager sa responsabilité, le sujet peut ne pas conclure le contrat, cas assez fréquent en assurance automobile. Cela, ajouté à ce que les atteintes de cette sorte demeurent rares hors de l'assurance, permet de conclure à la réalité du « vouloir contractuel » en droit positif.

C'est à une conclusion à peu près semblable que conduit l'examen de la *liberté de choisir son cocontractant.* Cette liberté de conclure le contrat avec le partenaire de son choix est très largement consacrée, sans doute par souci de réalisme : outre sa tardiveté inévitable, la relation imposée avec un cocontractant non voulu est menacée d'un avenir difficile et précaire. L'interdiction des discriminations raciales, ethniques, nationales, etc., qui, il est vrai, constitue moins une altération de la liberté contractuelle qu'une affirmation du principe de respect d'autrui, est révélatrice à cet égard. La discrimination est pénalement sanctionnée (art. 225-1 et s., nouv. C. pén.), mais, en principe, le contrat n'est pas imposé.

Toutefois, il arrive que la loi désigne impérativement le partenaire contractuel, à supposer, bien sûr, que celui-ci veuille du contrat concerné. Tel est l'objet des *droits de préemption* que consacrent le droit privé comme le droit public à l'occasion de certaines aliénations à titre onéreux, notamment la vente immobilière (par exemple au profit du locataire dont le bailleur décide de vendre le logement – art. 15-II de la loi du 6 juillet 1989 – ou au bénéfice de la commune – art. L. 213-1 et s., C. urb.). La contrainte est alors très stricte, allant souvent jusqu'à la possibilité pour le titulaire du droit de prégmption de se substituer, en vertu d'un droit de retrait, à l'acquéreur avec lequel le vendeur a irrégulièrement conclu le contrat.

En définitive, les atteintes à la liberté de choisir son cocontractant, qui n'accèdent qu'exceptionnellement à une telle rigueur, restent trop rares pour compromettre la réalité du principe de liberté.

La conclusion demeure, même si l'on tient compte d'hypothèses particulières dans lesquelles on peut constater une véritable disparition de la liberté contractuelle provoquée par une altération simultanée de la liberté de ne pas contracter et de celle de choisir son cocontractant. Tel est le cas, notamment, des services publics et des officiers publics, tels les notaires, dont les prestations sont regardées comme faisant l'objet d'une offre permanente que l'acceptation de quiconque transforme en contrat (cf. l'article 3 de la loi du 25 Ventôse An XI, organisant le notariat : les notaires « sont tenus de prêter leur ministère lorsqu'ils en sont requis... », sous la réserve évidente des requêtes illicites). Mais il est clair que la finalité même de l'institution de ces prestataires de services implique une telle éclipse des libertés considérées. De ce point de vue, l'altération de la liberté est plus sensible dans le cas des *refus de vente* prohibés par la loi dans les relations des professionnels avec les consommateurs, ou encore lorsque le *renouvellement d'un contrat* est imposé à l'une des parties (baux d'habitation et baux commerciaux).

De cet ensemble d'observations, il résulte que la liberté contractuelle ne peut sans doute pas être posée en absolu.

Sur le fondement de la considération d'intérêts sociaux supérieurs, elle supporte effectivement, de manière ponctuelle, diverses atteintes de portée variable. Le phénomène reste cependant relativement secondaire. La liberté demeure le principe essentiel et incontestable, principe que la loi protège d'ailleurs contre les empiètements privés.

2 - La protection du contractant contre la violence

Le Code civil, dans ses articles 1111 et suivants, organise la protection des contractants contre la violence, c'est-à-dire contre les actes susceptibles de provoquer un sentiment de *crainte* propre à contraindre à la conclusion d'un contrat. On prend en considération, indifféremment, les actes de violence physique, contre la personne ou contre les biens, comme les actes de violence morale (atteinte à l'honneur). Il n'est pas nécessaire que la violence ait été dirigée contre la personne même du contractant : la violence contre un proche est retenue, au même titre que celle dont le contractant a lui-même fait l'objet.

En toute hypothèse, la violence n'est sanctionnée – par la nullité du contrat (cf. *infra,* p. 97 et s.) – qu'à la condition d'avoir été *déterminante,* c'est-à-dire d'avoir emporté la décision de contracter. Cela souligne que l'essentiel – même si ce n'est pas exclusif – réside bien dans la *sauvegarde de la volonté du contractant* et non pas dans le souci de sanctionner un comportement coupable. L'observation est d'ailleurs confirmée par le fait que la sanction est encourue quel que soit l'auteur de la violence : ce peut être le cocontractant lui-même, ou un tiers. Elle l'est encore par ce fait que le caractère déterminant est apprécié en considération des particularités personnelles du contractant (vigueur psychologique et physique, compétences, expérience...) et non de façon abstraite et générale.

Pour autant, l'idée de *faute* n'est pas totalement étrangère au régime juridique de la violence. Ce que la loi a en vue est, en effet, selon l'article 1114, une violence *illégitime,* donc un comportement fautif. Il ne suffit pas que la violence ait été déterminante, il faut encore qu'elle ait été injuste. Cette exigence, *a priori* incongrue, et qui vise à exclure la sanction de certains comportements contraignants mais licites – la « crainte révérencielle » envers les parents, de l'article 1114; la menace d'exercer une voie de droit dûment autorisée – a ouvert la porte à une extension de la notion ordinaire de violence : outre le trouble psychologique provoqué par une *menace injuste,* la jurisprudence sanctionne *l'abus d'une contrainte qui n'est pas en elle-même illégitime.*

Ainsi en va-t-il lorsqu'elle annule un contrat que l'une des parties a consenti sous l'empire d'un *état de nécessité,* c'est-à-dire sous la contrainte d'un concours de circonstances qui ne peut être imputé à personne en particulier (ex. : le contrat de travail calamiteux conclu pour répondre aux besoins urgents suscités par la maladie d'un enfant). En soi, cette contrainte anonyme ne saurait être qualifiée d'illégitime. En revanche, s'il y a abus de la situation pour obtenir, de celui qui subit l'état de nécessité, un avantage anormal, ce comportement fautif peut être sanctionné comme violence : la faute ainsi commise réalise une appropriation personnelle de la contrainte initialement anonyme et constitue une violence illégitime.

Ainsi encore dans le cas de *menace anormale d'exercice d'une voie de droit.* Lorsque la menace d'une voie de droit, ordinairement légitime, est faite de manière à détourner celle-ci de son but, notamment pour obtenir des avantages indus, elle devient violence illégitime et comme telle sanctionnable. Là encore, c'est l'abus de la contrainte, initialement légitime en l'occurrence, qui autorise la sanction.

Malgré ces éléments d'extension, il faut bien constater que la protection de la liberté contractuelle qu'organise le Code civil reste limitée. C'est la conséquence de son centrage sur le thème de la violence et de la crainte qu'elle doit nécessairement susciter. Cela laisse bien des pressions à l'abri de toute sanction – rapports de force économique, harcèlements psychologiques… Certes, il n'est pas concevable, sous peine de compromettre la sécurité juridique nécessaire au développement de toute société, de sanctionner toutes les contraintes qui peuvent se manifester à l'occasion d'un rapport contractuel. Du moins doit-on relever ici que la prise en considération de la violence, si elle est nécessaire, n'est pas suffisante pour garantir l'effectivité de la liberté contractuelle. Mais la loi comporte d'autres garanties. Ainsi de la sauvegarde de la lucidité du contractant.

B - Lucidité

L'idée générale est que la loi veut que le contractant se fasse, au moment où il conclut le contrat, une représentation claire et exacte de ce qui constitue la substance de la relation contractuelle. C'est ce qui résulte de la double exigence d'une volonté consciente (1) et d'une volonté qui ne soit pas altérée par une erreur (2). De façon plus exceptionnelle la loi garantit aussi un véritable droit de réfléchir (3).

1 - Une volonté consciente

La nécessité d'une volonté consciente est exprimée par le biais de l'exigence de la *capacité contractuelle.* Celle-ci constitue le principe – « toute personne peut contracter », énonce l'article 1123, C. civ. – qui n'est écarté que par les incapacités édictées par la loi, lesquelles concernent essentiellement les mineurs et les majeurs protégés. C'est dire que la capacité contractuelle se trouve, à la fois, liée à la maturité de la personne – affirmation de sa volonté – et subordonnée à l'absence de mise en place d'un régime de protection rendu nécessaire, le plus souvent, par l'existence d'un trouble mental persistant.

Qu'il s'agisse des mineurs – non émancipés – ou des majeurs protégés, les mécanismes mis en place par la loi – *représentation* et *assistance* – tendent à assurer que les contrats de l'incapable reposent sur une volonté contractuelle apte à prendre la mesure de ses intérêts. La solution est intéressante en ce que cette volonté n'est pas celle de l'incapable : pas du tout, dans le cas de la représentation; pour partie seulement dans le cas de l'assistance. Cela se comprend fort bien : par hypothèse, l'incapable contractant n'a pas de volonté propre ou ne dispose que d'une volonté inhabile à une appréciation correcte de ses intérêts. C'est donc une volonté tierce, la volonté d'autrui, qui va se substituer à celle, défaillante, de l'incapable, ou la soutenir, selon le cas. La volonté contractuelle de l'incapable se révèle ainsi volonté fictive. Mais il faut observer, d'abord, que la solution est nécessaire pour éviter l'exclusion de l'incapable, pris en sa personne et dans sa dimension patrimoniale, des relations économiques et sociales; et ensuite, que le contrat demeure soumis à une volonté contractuelle qui est d'autant plus réelle qu'elle ne se résume pas toujours – sauf pour les actes simples – à celle d'un tiers : la loi met en place des mesures de sauvegarde, incluant parfois l'intervention du juge, qui tendent à fonder le contrat de l'incapable sur une **volonté rationnelle**, véritable prothèse de volonté.

Au demeurant, un phénomène du même ordre se retrouve dans le cas des *personnes morales,* lesquelles n'ont que la volonté de leurs organes compétents. Et les conditions de cette volonté, et de sa genèse, sont fixées par la loi de façon minutieuse, tant pour les personnes de droit privé que pour celles qui relèvent du droit public. Volonté artificielle, là encore, mais volonté réelle tout de même, en tant qu'expression de la décision de personnes physiques spécialement habilitées. Volonté juridique, en bref, dans sa forme la plus différenciée de la volonté psychologique.

Il reste à remarquer que le Code civil ne se contente pas d'édicter les incapacités qu'appelle l'état psychologique des personnes. C'est évidemment nécessaire dans la mesure où il peut toujours arriver que la victime d'un trouble mental n'ait pas fait l'objet, en temps utile, d'une mesure de protection. L'article 489 permet la remise en cause – par voie de nullité – du contrat qui a été conclu sous l'empire d'un tel état.

2 - Une volonté non altérée par l'erreur

Au-delà même du trouble mental, la loi ne s'en tient pas à la présomption de volonté contractuellement efficace qui s'attache à la capacité de la personne. Elle organise, outre le contrôle de liberté fondé sur le vice de violence, un contrôle de la qualité substantielle de la volonté qui constitue la base nécessaire de l'engagement contractuel. L'*erreur* (spontanée) et le *dol* (générateur d'erreur) viennent ainsi compléter la panoplie des *vices du consentement* que sanctionne la loi.

a. L'erreur

Le thème de l'erreur est un bon révélateur de la conception légale du contrat. C'est vrai tant pour le contrat civil que pour le contrat administratif, même si les occasions de prise en compte de l'erreur sont exceptionnelles dans ce dernier cas.

De l'erreur, le Code civil annonce une conception assez restrictive (v. art. 1110). La jurisprudence a notablement élargi le concept, sans pouvoir, cependant, le faire coïncider avec la réalité psychologique.

L'erreur peut être définie comme une *appréciation* – ce que le contractant a cru au moment où il contractait – *non conforme à la réalité,* celle-ci étant celle que le juge constate au moment où il est invité à statuer. C'est l'appréciation de l'objet de la convention qui est en cause, et l'erreur peut porter, indifféremment, sur la substance de cette chose (l'argent se révèle métal argenté), ou, plus efficacement, sur ses qualités substantielles (le terrain s'avère non-constructible). La « chose » considérée peut d'ailleurs consister dans un droit : ainsi l'erreur commise par un héritier sur ses droits dans une succession peut-elle vicier la cession, qu'il a consentie, de ses droits successifs. Le contractant est admis à invoquer son erreur, peu important qu'il se soit trompé sur la prestation promise par le cocontractant, ou sur *sa propre prestation.* Cette dernière solution, conforme au fondement psychologique de la sanction de l'erreur, peut être admise en raison des limites assignées à l'erreur sanctionnable (v. ci-après) qui l'empêchent à la fois de constituer un encouragement à la négligence et de compromettre la sécurité juridique.

Dans tous les cas, l'erreur n'est prise en considération que dans la mesure où elle a été **déterminante** : il doit être établi que le contractant n'aurait pas conclu le contrat s'il n'avait pas commis l'erreur considérée. Il est acquis que ce caractère déterminant est apprécié *in concreto,* c'est-à-dire en fonction de la personnalité propre à celui qui s'est trompé. Cela contribue à élargir la notion d'erreur en autorisant la prise en compte, à côté des erreurs portant sur des qualités objectivement déterminantes (déterminantes pour tous : l'authenticité d'un tableau de maître), d'erreurs subjectivement, individuellement, déterminantes (le fait, par exemple, que le tableau représente un ancêtre de l'acheteur).

Mais il est vrai que l'erreur est moins largement comprise en ce qu'elle peut aussi porter sur la *personne du cocontractant* – son identité, ses qualités propres d'honnêteté, de compétence... Cette sorte d'erreur ne sera retenue que dans le cas des contrats *intuitu personae,* ceux-là seuls qui se caractérisent par l'importance particulière qu'y joue la personnalité du cocontractant. C'est dans la logique de l'exigence du caractère déterminant de l'erreur; pas forcément dans celle de l'appréciation *in concreto* de ce caractère.

Cela fait apparaître une première limite de la sanction de l'erreur. Il en est d'autres, plus importantes. La loi admet assez souvent, en effet, le maintien du contrat en dépit d'une erreur.

C'est vrai, déjà, dans le cas des erreurs non-déterminantes. Mais la solution est facile à justifier par ce fait que le contrat aurait tout de même été conclu si le contractant n'avait pas commis d'erreur. C'est également vrai dans le cas des *erreurs inexcusables :* celles que l'on est impardonnable de faire. La solution – qui limite en fait la prise en compte des erreurs que chacun peut être amené à commettre sur sa propre prestation – est fondée, cette fois, sur une considération de **justice :** il n'est pas acceptable de faire peser sur son cocontractant le poids de sa propre négligence, de sa désinvolture personnelle. La justification est la même pour l'élimination des erreurs portant sur une qualité de la chose dont le cocontractant ne pouvait imaginer qu'elle était déterminante – ce que l'on désigne souvent, très maladroitement, comme l'exigence d'une « erreur commune ».

Mais le plus important n'est pas là : il se trouve dans la mise à l'écart de l'*erreur sur la valeur.* La notion doit être entendue strictement : c'est seulement l'erreur portant *directement* sur la valeur de la chose qui est écartée, celle que commet celui qui en connaît les qualités – le vendeur sait que le tableau qu'il vend est l'œuvre authentique de tel maître – mais qui en ignore la valeur – il n'a pas connaissance des cours du marché. Même si cela préserve la sanction de toutes les erreurs qui portent sur une qualité de la chose – et donc, mais *indirectement,* sur la valeur du bien – et qui sont sans doute les plus fréquentes, il n'en est pas moins vrai que l'exclusion est, qualitativement, considérable. Elle signifie que la pure erreur d'évaluation est indifférente, en dépit de l'importance évidente qu'elle revêt pour celui qui l'a commise. La solution est imposée par le régime restrictif de la lésion (*infra*, p. 83 et s.) : le déséquilibre économique du contrat, le défaut d'équivalence des prestations convenues, n'est pas de nature à remettre en cause le contrat qui a été ainsi conclu. C'est la **sécurité juridique** qui est préférée, pour des raisons que l'on précisera ultérieurement (*infra,* p. 83), à la justice économique du contrat.

C'est la première révélation, on en verra d'autres, de l'indifférence assez marquée du droit français du contrat à l'égard de la justice commutative. On en retiendra que le régime des vices du consentement pose en exigence que le contractant ait disposé des éléments d'appréciation de l'équilibre économique du contrat, mais nullement qu'il ait effectué, à partir de là, une évaluation correcte. C'est une limite importante à l'exigence d'un consentement éclairé. Elle comporte, au demeurant, une restriction occasionnelle avec la sanction du dol.

b. Le dol

Le dol consiste dans des manœuvres qu'un contractant a pratiquées pour tromper son partenaire contractuel et le déterminer à conclure le contrat.

À proprement parler, ce n'est pas un *vice* du consentement, mais plutôt une circonstance aggravante de l'erreur qui en est la conséquence. Par là, le dol autorise, moralement, une sanction élargie de l'erreur : celle-ci sera plus facilement sanctionnée dans ce cas.

Sur toile de fond de trouble psychologique, c'est bien de *sanction* qu'il s'agit, au premier chef, dans la mesure où le dol n'est pris en compte que s'il est le fait du cocontractant et non d'un tiers (art. 1116, C. civ.). Hormis ce point, la jurisprudence s'est efforcée, là encore, d'élargir le concept pour accroître l'efficience de la sanction.

C'est le cas, en particulier, de la prise en compte de la simple *réticence,* c'est-à-dire le fait de n'avoir pas informé le cocontractant de tel ou tel élément propre à influer sur sa décision. Il n'y a pas alors de véritable « manœuvre », mais la jurisprudence a admis que cette violation de la bonne foi contractuelle était par elle-même constitutive d'un dol et sanctionnable comme tel. En pratique, la solution n'est pas toujours facile à mettre en œuvre dans la mesure où elle suppose un arbitrage entre l'obligation *de renseigner,* dont chaque partie à une négociation contractuelle est tenue vis-à-vis de l'autre, et l'obligation *de s'informer soi-même,* qui incombe pareillement à chacun : le négligent ne peut reprocher à son cocontractant de ne pas l'avoir informé de ce qu'il aurait dû savoir ou découvrir par lui-même.

Une extension de nature différente se manifeste à propos du caractère nécessairement *déterminant* du dol. En principe, le dol n'est sanctionné que s'il est établi que, s'il n'avait pas été commis – à défaut, donc, de l'erreur qu'il a provoquée, ou qu'il a consolidée, notamment dans le cas de la réticence – le contrat n'aurait pas été conclu.

La jurisprudence est allée à la limite de l'idée en sanctionnant non seulement ce qu'il est convenu d'appeler le *dol principal* – celui à défaut duquel *aucun* contrat n'aurait été conclu – mais aussi le *dol incident,* formule qui désigne le cas où le contractant, s'il n'avait pas été abusé, aurait néanmoins conclu le contrat, mais *à d'autres conditions.* En pure logique, la distinction est contestable, parce que verbale : le contractant qui n'aurait pas conclu le même contrat, *n'aurait pas conclu le contrat* qui a été convenu. En pratique, cependant, elle est sans doute opportune : elle permet de sanctionner – par de simples dommages et intérêts – des comportements de mauvaise foi que le juge hésiterait à sanctionner par la nullité du contrat, en considération de leur gravité modérée. Or, en présence d'un dol – principal – le juge n'a pas la maîtrise de la sanction : il doit, dès lors que le fait est établi, prononcer celle que demande la victime du dol, laquelle a le choix, selon son intérêt, entre la nullité et des dommages-intérêts, voire les deux ensemble. En bref, la notion de dol incident permet probablement une sanction plus systématique de la mauvaise foi dans la conclusion du contrat. Elle contribue ainsi à donner au dol, par rapport à l'erreur, une autonomie dont on aurait pu douter *a priori.*

Il serait faux de croire, en effet, que le dol, parce qu'il est générateur d'une erreur, réalise une sorte de doublon de ce vice du consentement. Il est vrai que dans nombre de cas – et cela limite les inconvénients de l'absence de prise en compte du dol commis par un tiers – il suffit d'invoquer l'erreur provoquée par le dol pour obtenir, sur ce seul fondement, l'annulation du contrat. Cependant, en dépit de cette coïncidence occasionnelle, il existe, entre l'erreur et le dol, des différences importantes. D'abord, le dol autorise toujours la victime à demander des dommages-intérêts, ce que l'erreur ne permet pas en principe. Ensuite et surtout, le dol, parce qu'il est une circonstance aggravante de l'erreur dans les rapports des contractants, autorise la sanction d'erreurs qui, par elles-mêmes, ne permettraient pas l'annulation du contrat. C'est, en particulier le cas de l'erreur sur la valeur.

Le dol permet ainsi de renforcer l'exigence d'une volonté éclairée. Mais il convient d'observer que ce renfort comporte une limite considérable en ce que le dol est entendu comme une *manœuvre intentionnelle destinée à tromper :* il n'y a pas de dol sans erreur. De ce fait, le dol ne constitue pas un moyen d'appréhender, de façon générale, les manœuvres déloyales (comp. la sanction pénale de l'abus de faiblesse ou d'ignorance, art. 313-4, nouv. C. pén.), et notamment celles qui, sans provoquer d'erreur, à proprement parler, ni constituer une violence, n'en ont pas moins pour effet d'exercer une pression décisive sur la volonté d'un contractant, au point de l'amener à conclure le contrat. Il est vrai que dans de tels cas la solution se trouve sans doute ailleurs : sur le terrain de la méconnaissance directe de l'article 1108, dans la sanction de l'*absence de consentement* – parce qu'il n'y a pas de véritable consentement de celui qui n'a contracté que par lassitude, pour faire cesser un état de contrainte auquel le cocontractant, ou un tiers, l'a délibérément soumis à cette fin.

En définitive, il apparaît que le système du Code civil impose un consentement contractuel qui n'est pas un pur artifice. Sans aller – sauf le cas de dol – jusqu'à l'exigence d'une volonté parfaitement éclairée sur tout ce qui constitue l'objet du contrat (erreurs non déterminantes), du moins impose-t-il que l'essentiel ait été bien perçu, réserve faite du cas particulier de l'erreur sur la valeur. Mais il faut remarquer que cela n'apparaît que de façon *négative :* au résultat d'un contrôle *a posteriori* de la qualité de la volonté qui autorise, le cas échéant, une sanction. Le Code ne s'intéresse pas, de façon *positive* et *préventive,* à la délibération précontractuelle, au *mûrissement du consentement.* C'est en dehors de lui que la loi, parfois, aborde cet élément, en instaurant un véritable **droit de réfléchir.**

3 - La garantie exceptionnelle d'un droit de réfléchir

Diverses lois modernes s'efforcent de fournir au contractant le plus faible, dans la relation contractuelle, **matière à réflexion**. Parce que l'exigence allait de soi, sans doute, le Code ne s'en est pas soucié. Le législateur contemporain, instruit par l'expérience, s'en préoccupe, de temps à autres, pour la protection des consommateurs, au sens large. Cela se manifeste, sans grand souci d'homogénéité, principalement par l'exigence cumulative d'un contrat écrit et de la présence à l'acte de diverses mentions, que la loi énumère au cas par cas.

La méthode est depuis longtemps pratiquée pour le *contrat d'assurance,* avec l'exigence complémentaire bien connue de « caractères apparents » et de « clauses très apparentes » et, plus récemment, d'une « notice d'information » qui doit être fournie avant la conclusion du contrat (art. L. 112-2, 112-3 et 112-4, C. ass.). La même méthode se retrouve, de manière à peu près systématique, dans le domaine des *contrats immobiliers* où les lois réglementent, de façon souvent très minutieuse, les mentions qui doivent être portées aux actes (v. par exemple l'article L. 231-2, C. constr. hab. pour le contrat de construction de maison individuelle). La mesure, assurément utile, n'a toutefois qu'une portée limitée : sauf la notice d'information requise des assureurs, c'est une information « de dernière minute », juste avant la signature de l'acte, qui est ainsi ménagée (du moins l'intervention d'un notaire est-elle de nature à en améliorer l'efficience).

Certaines lois « de protection des consommateurs » ont à cet égard une efficacité plus considérable. Ainsi les articles L. 111-1 et L.111-2, C. consomm. imposent-ils aux *vendeurs de biens et prestataires de services* une information préalable du consommateur sur les caractéristiques essentielles du bien ou du service considéré, information qui va, pour le vendeur de biens meubles, jusqu'à des indications sur la disponibilité des pièces de rechange indispensables à l'utilisation du bien. Ainsi, surtout, en matière de *crédit,* les articles L. 311-8 et L. 312-7, C. consomm. réglementent-ils très précisément *l'offre* écrite qui doit être remise au consommateur de manière à l'informer non seulement sur l'opération de crédit envisagée, mais encore sur des éléments accessoires de cette opération, en particulier certains droits que la loi lui assure.

Garantir matière à réflexion resterait assez vain si le mouvement ne s'accompagnait de l'octroi au contractant en puissance d'**un temps pour réfléchir.**

Différents procédés sont utilisés pour permettre au contractant d'avoir l'occasion de mûrir sa décision. Ainsi, en premier lieu, de la consécration par certains textes de *l'obligation de maintenir l'offre de contracter* pendant un certain temps. C'est essentiellement en matière de crédit que le procédé est mis en œuvre (art. L. 311-8 et L. 312-10, C. consomm.).

En deuxième lieu, la loi recourt parfois à l'*interdiction temporaire d'accepter* l'offre de contracter : elle incite à la réflexion, contre les engagements précipités et irréfléchis. Utilisée pour la première fois par une loi relative à l'enseignement à distance (L. 12 juillet 1972, art. 9), la technique se retrouve notamment dans l'article L. 312-10, C. consomm., pour le crédit immobilier, en combinaison avec l'obligation de maintien de l'offre (l'offre, qui doit être maintenue 30 jours au moins, ne peut être acceptée par l'emprunteur que 10 jours après sa réception. V. aussi, l'article L. 312-27, pour la location-vente et les locations assorties de promesse de vente; rappr. pour la location-accession, l'article 23 de la loi n° 84-595 du 12 juillet 1984).

Enfin, certaines lois accordent au consommateur un *droit de repentir,* c'est-à-dire la faculté de revenir sur l'acceptation qu'il a exprimée auparavant. Le contractant se trouve ainsi investi du droit de remettre en cause un contrat dont son acceptation a déterminé la formation. Ce procédé est sans doute le plus efficace : il place le contractant dans une situation plus motivante, psychologiquement parlant, que ne le fait la simple suspension du droit d'accepter.

Il est apparu pour la première fois en 1972, pour la protection des consommateurs dans le cadre du démarchage à domicile. C'est aujourd'hui l'article L. 121-25, C. consomm. qui accorde au consommateur cette *faculté de renonciation,* dans les 7 jours de la commande ou de l'engagement d'achat. Il a été repris ensuite, pour les contrats de crédit de l'article L. 311-2, C. consomm., par l'article L. 311-15 sous la forme d'une *faculté de rétractation* de l'acceptation de l'offre de prêt (rappr. les solutions des articles L. 121-16, C. consomm. et L. 271-1, C. constr. hab.). On le retrouve aussi pour les contrats d'assurance sur la vie et de capitalisation, comme *faculté de renoncer au contrat* (art. L. 132-5-1, C. ass.).

Ces solutions, qui sont exprimées en une terminologie flottante, manquent d'homogénéité, ce qui, pour être une caractéristique des lois de protection des consommateurs, n'est pas pour autant le meilleur gage de leur bonne appréhension par ceux que l'on veut protéger. Il n'en demeure pas moins qu'elles marquent un progrès sensible du droit contractuel par la promotion d'un consentement de meilleure qualité.

Ce progrès est parfois renforcé par la possibilité, offerte au consommateur, de **réfléchir l'esprit libre.** Pour être certainement excessive, la formule n'en correspond pas moins à une certaine réalité… d'exception.

L'idée est que, dans certains cas, la loi s'efforce de faciliter la décision individuelle de contracter – ou de ne pas contracter – en libérant le consommateur de certaines contraintes accessoires. Le phénomène s'observe en matière de crédit, ce qui n'est pas un hasard : les contrats de crédit sont ordinairement des contrats accessoires à une opération principale, qui se conditionnent réciproquement (groupes de contrats).

Ainsi, en matière de *crédit mobilier,* l'article L. 311-21, C. consomm. prévoit-il l'annulation ou la résolution de plein droit du *prêt* lorsque le contrat financé est lui-même judiciairement résolu ou annulé. Afin d'éviter la constitution de situations inextricables, la loi s'efforce en outre, par diverses dispositions, de suspendre l'exécution des relations contractuelles concernées, jusqu'à ce que l'ensemble de l'opération envisagée soit effectivement mis en place.

Ainsi encore, et de façon plus élaborée, la loi adopte-t-elle, en matière de *crédit immobilier,* un complexe de précautions de finalité semblable. D'abord, les articles L. 312-16 et s. organisent le célèbre mécanisme de la *condition suspensive d'obtention du prêt,* qui suspend l'acquisition envisagée jusqu'à ce que l'acquéreur soit assuré de pouvoir bénéficier du crédit dont il a besoin. Sont ensuite installés différents mécanismes « rassurants »: ainsi, notamment, de la règle (art. L. 312-12) que l'acceptation du prêt est faite sous la condition résolutoire de la non-conclusion du contrat principal dans le délai de quatre mois (si le contrat n'est pas conclu, le prêt sera effacé comme s'il n'avait jamais été convenu); ainsi encore de celle en vertu de laquelle, lorsque plusieurs prêts sont sollicités, chacun d'eux est fait sous la condition suspensive de l'octroi des autres (à l'exception des petits prêts, ceux qui ne dépassent pas 10 % du crédit total – art. L. 312-13)...

Ces différents mécanismes font que, là où ils sont applicables – ce qui reste encore limité même si la jurisprudence a parfois fait montre d'une faveur à leur extension (cf. Civ. 1re, 16 déc. 1992, *Bull. civ.* I, n° 316) – le particulier se trouve débarrassé du souci d'un défaut de coordination des différents contrats qu'il doit conclure : ou bien tout se révèle en ordre, et l'opération se réalise telle qu'elle était envisagée; ou bien se produit un dysfonctionnement, et le particulier se trouve dégagé – parfois à son choix – de l'ensemble des contrats qui tendaient à la réaliser.

Ces quelques observations permettent de constater que, par l'instauration d'un **droit de réfléchir,** la prise en compte de la délibération individuelle précontractuelle est en progrès : selon une observation doctrinale pertinente (N. Chardin), la loi, en institutionnalisant l'hésitation, incite à la réflexion et favorise ainsi l'émergence d'une volonté plus « rationnelle », mieux apte à surmonter les simples foucades. Mais il s'agit d'une évolution qui reste en dehors du Code civil. Aussi bien peut-on se demander s'il ne conviendrait pas de compléter les dispositions de celui-ci par des règles nouvelles prenant en considération le processus de la décision de contracter, telles, par exemple, qu'une réglementation de la négociation précontractuelle et de l'offre de contracter, l'affirmation circonstanciée d'une obligation d'information précontractuelle, éventuellement articulée avec un régime précis de la formation de l'accord des volontés...

L'existence d'un Code de la consommation n'y fait pas obstacle – sauf à consacrer un effet pervers de l'établissement de ce code : le besoin de dispositions consuméristes ne doit pas constituer une dispense d'améliorer le dispositif légal relatif aux règles générales de la formation du contrat. Tout au contraire. Il faut voir dans les lois de protection des consommateurs une sorte de laboratoire d'expérimentation de techniques nouvelles à partir desquelles doit s'élaborer un droit général nouveau ayant vocation à figurer dans le Code civil, étant entendu que les détails de mise en œuvre et l'adaptation particulière aux contrats spéciaux concernés demeureraient de la compétence du Code de la consommation. À ne pas s'engager dans une telle voie, le danger serait grand de favoriser un inutile et dangereux éclatement du régime des relations contractuelles.

Demeure en tout cas la vérification d'une affirmation incomplète, dans le droit légal positif, de l'exigence d'un consentement libre et éclairé : la volonté contractuelle, nécessaire et suffisante à la formation du contrat, reste exposée à un risque non négligeable de déficience, faute d'être suffisamment protégée dans sa genèse. C'est l'élément « lucidité » qui apparaît comme le point faible, sensiblement plus que l'élément « liberté ». Le constat est particulièrement préoccupant eu égard aux positions qui sont adoptées à propos de la substance du contrat, dont la loi exige, en parfaite logique au demeurant, qu'elle soit définie.

II - Une substance contractuelle définie

La substance de la relation contractuelle est envisagée sous deux angles différents dans le système du droit français : celui de l'*objet de l'obligation,* d'abord (A); celui, ensuite, de *sa cause,* plus précisément celui de la *cause* dans ses rapports avec *l'équilibre économique du contrat* (B). L'objet et la cause concourent ainsi à la matérialisation – ou concrétisation – de l'engagement contractuel qui ne peut consister en une simple déclaration abstraite.

A - L'objet de l'obligation

Pour la validité du contrat, l'article 1108 requiert « un objet certain qui forme la matière de l'engagement ». L'exigence est naturelle : faute de préciser l'objet de l'engagement souscrit, on ne pourrait savoir la fin poursuivie par le contrat, sauf à espérer une exécution spontanée, et par là-même éventuelle; tout le contraire de ce qu'on attend d'un engagement juridique.

Mais il est vrai que l'exigence d'un objet certain a une portée plus large. Cela apparaît nettement avec les précisions qu'apporte l'article 1129, selon lequel l'objet de l'obligation doit être **déterminé**.

Cette nécessité d'une détermination de l'objet des obligations que le contrat vise à engendrer constitue un *principe* qui, cependant, s'accommode d'un assouplissement – savoir que l'objet peut indifféremment être *déterminé ou déterminable* – et qui supporte des *exceptions*.

Que la détermination de l'objet doive être posée en **principe** correspond, d'une part, à une nécessité *logique,* et d'autre part, à un besoin de *sécurité juridique*. Il s'agit, en effet, d'abord et à l'évidence, de savoir quelle opération économique les parties veulent réaliser. Il s'agit, ensuite, d'assurer aux contractants eux-mêmes une protection élémentaire : protection de celui qui s'engage contre lui-même (il doit être informé précisément de ce qu'il promet, condition première d'un consentement éclairé); protection de celui au profit de qui l'engagement est souscrit (il doit savoir ce qu'il peut exiger, et échapper à ce propos à l'arbitraire de son partenaire contractuel).

Cette *fonction protectrice* du principe de détermination de l'objet permet de préciser ce qu'il implique exactement et, du même coup, de comprendre l'assouplissement consacré par l'admission d'une simple déterminabilité.

La **détermination de l'objet** implique que le contrat, ou plus précisément l'accord de volontés qui le fonde, permette à lui seul – c'est-à-dire par ses seules énonciations – de savoir exactement ce que le créancier peut exiger du débiteur contractuel, sans que soit nécessaire une nouvelle manifestation de volonté (de l'une ou l'autre des parties au contrat – c'est la protection contre l'arbitraire – voire des deux ensemble – situation où il apparaît clairement que l'accord de volontés fondateur du contrat n'était pas encore réalisé).

Quant à la **déterminabilité** de l'objet, elle autorise seulement une détermination différée de l'objet, mais sans déroger en aucune manière à l'exclusion de toute manifestation de volonté complémentaire : le contrat doit comporter, à défaut de la désignation immédiate de l'objet, les éléments qui permettront, le moment venu, de le désigner sans nouvelle manifestation de volonté (par exemple, l'indexation du prix de choses à livrer ultérieurement, ou encore, la fixation par un tiers nommé des biens vendus ayant fait seulement l'objet d'une désignation générique au contrat, telle qu'un cubage de bois de telle qualité, ou une surface de terrain à prélever sur un fonds plus étendu).

Mais, ainsi entendu, le principe de détermination de l'objet de l'obligation n'est pas absolu.

Il faut tout d'abord avoir égard à ce qu'une règle de droit n'a lieu de s'appliquer qu'autant que les moyens de son application sont réunis. Ainsi s'explique, selon nous, que la jurisprudence ait, depuis fort longtemps, admis la validité de la formation de certains contrats en dépit d'un défaut d'accord sur le prix, peu important que celui-ci eût la nature d'élément essentiel du contrat. C'est une solution qui a été consacrée pour divers **contrats d'entreprise** ainsi que pour quelques **mandats salariés** ou **contrats de prestations de services** (honoraires de l'avocat notamment). C'est que, souvent, le contenu de ces conventions ne peut être prédéterminé – nature et importance des services nécessaires – alors que, surtout, les conditions de facturation des prestations assurées ne peuvent être totalement fixées au moment de l'accord de volontés. L'impossibilité de détermination-déterminabilité du prix à cette date ne peut faire obstacle à la conclusion immédiate d'un contrat dont il est souhaitable qu'il se forme aussi tôt que possible. Dans ces cas, le prix, initialement indéterminé, sera fixé par le juge à défaut d'accord ultérieur des parties.

Il faut, ensuite, prendre en compte la jurisprudence établie par un arrêt de l'Assemblée plénière de la Cour de cassation aux termes duquel « l'article 1129 n'est pas applicable à la détermination du **prix** » (Ass. plén., 1er déc. 1995, *Bull. civ.,* AP, n° 9). La formule ne signifie sans doute pas qu'un contrat puisse se former sans aucune référence au prix, lorsque celui-ci présente un caractère essentiel. Mais elle consacre l'efficacité d'un accord de volontés qui se bornerait à indiquer les conditions de détermination ultérieure du prix, tel le recours à un tarif établi par l'un des contractants (cas des contrats *cadre*).

Cet abandon du principe de détermination nécessaire du prix est de nature à surprendre à une époque où la protection du contractant en position de faiblesse représente une préoccupation prédominante. Mais il n'y a là qu'un paradoxe apparent. En effet, la règle nouvelle n'est pas venue seule : elle a été accompagnée d'une précision selon laquelle un **abus dans la fixation du prix** peut donner lieu à *résiliation du contrat* ou à *indemnisation.* De la sorte, le cocontractant n'est pas livré à l'arbitraire de celui qui se trouve contractuellement investi du pouvoir de fixer le prix. Ainsi, la règle nouvelle introduit dans le régime de la fixation du prix une sanction dont la souplesse peut être de nature à fournir au contractant faible une protection plus efficace que celle qui résulte de la sanction classique de la nullité, dont la rigidité – système de tout ou rien : contrat déséquilibré ou pas de contrat du tout – n'apporte pas toujours une sauvegarde appropriée. Mais cela suppose un procès, donc du temps perdu et des frais.

Au demeurant, la solution ainsi affirmée n'est pas de portée générale. Nombre de dispositions légales imposent très précisément la détermination du prix du contrat (ainsi, notamment, en matière de *vente* – art. 1583 et 1591, C. civ. – de *baux d'habitation* – art. 3, L. 6 juill. 1989 – ou de *pro-*

motion immobilière – art. 1831-1, C. civ.). L'interprétation de l'article 1129, qui exclut le prix de son champ d'application, n'y fait pas échec.

B - La cause et l'équilibre économique du contrat

La *cause* de l'obligation est une notion complexe que le Code civil pose (art. 1108 et 1131) en double condition de formation du contrat : *subjectivement* entendue, elle désigne la fin poursuivie par le contractant – vendre un bien pour réaliser une opération financière... – et qui doit être conforme aux exigences de l'ordre public et des bonnes mœurs (v. *infra*, p. 86 et s.); *objectivement,* elle exprime l'exigence d'une contrepartie à l'engagement souscrit. C'est ce seul second sens qui nous intéresse pour le moment.

L'obligation contractuelle ne peut exister sans cause-contrepartie, ou *cause objective.* La règle ne concerne toutefois que les *contrats à titre onéreux.* Les contrats à titre gratuit en sont en revanche dispensés : la volonté de réaliser un acte de bienfaisance au profit du cocontractant justifie à elle-seule l'engagement sans contrepartie et constitue par là-même un substitut de la cause.

Cette cause objective peut être définie comme la valeur économique qui est destinée à remplacer, dans le patrimoine de celui qui s'oblige, celle dont l'obligation va le dépouiller. Ainsi entendue, la cause apparaît comme un élément *d'équilibrage* du contrat; elle représente une institution de **justice contractuelle** en assignant au contrat une *finalité commutative.*

Il convient cependant de prendre garde à ne pas donner à cette dernière considération une portée excessive. En effet, le droit français ne consacre, à de rares exceptions près, qu'une conception assez formelle de l'équilibre contractuel nécessaire à la validité des conventions. Le **principe**

commutatif, à supposer que cette formule soit acceptable, n'est ni absolu, ni exigeant.

Que la commutativité ne soit pas un principe absolu, c'est ce qu'affirme l'article 1104 qui consacre, à côté des contrats commutatifs, la catégorie des *contrats aléatoires* dont la caractéristique est d'admettre un défaut d'équivalence des prestations réciproques. Cela ne signifie pas que ces contrats soient dépourvus de cause : chaque obligation comporte bien une contrepartie, mais qui est assortie d'un aléa dont le jeu peut avoir pour effet d'en priver le bénéficiaire (aucun risque ne s'étant réalisé, l'assureur n'a rien à payer : les primes payées restent sans contrepartie). Mais la nature de ces contrats est d'être déséquilibrés, ce que traduit bien la formule de l'article 1104, alinéa 2, selon laquelle chacune des parties doit être soumise à « une chance de gain ou de perte ». En bref, l'équivalence des prestations n'est pas de l'essence de ces contrats qui postulent, au contraire, un déséquilibre.

Mais l'important se trouve ailleurs. Il tient à ce que l'équivalence exigée des *contrats commutatifs* n'est pas une équivalence objective, mais une équivalence laissée à l'appréciation des contractants. C'est ce que révèle le premier alinéa de l'article 1104 qui définit le contrat commutatif comme celui par lequel « chacune des parties s'engage à donner ou à faire une chose qui est *regardée* comme l'équivalent de ce qu'on lui donne, ou de ce qu'on fait pour elle ». La formule impose la fixation des obligations – ce que chacun pourra exiger de l'autre – dès la formation du contrat; surtout, elle confère à l'équivalence imposée une nature purement *subjective.*

Il en résulte que, lorsque l'engagement contractuel est soumis, par le biais de l'exigence d'une cause, à un principe d'équivalence, celle-ci relève de la seule appréciation des parties : le droit se satisfait de ce qu'elles jugent leur convention équilibrée; il ne s'immisce pas, à de très rares exceptions près, dans l'estimation de leurs intérêts, où se conjuguent, de façon trop insaisissable, considérations objectives (valeur économique des biens) et appréciations subjectives (liens affectifs avec le cocontractant, urgence de la disposition de liquidités, etc.). Cette attitude de principe, dictée par des considérations de sécurité juridique – stabilité des relations contractuelles – doit être précisée de trois façons.

En premier lieu, seule est sanctionnée *l'absence de cause,* non une simple insuffisance. De ce point de vue, les formules usuelles de *vileté du prix* ou de *prix dérisoire* ne doivent pas faire illusion : l'annulation du contrat reste toujours subordonnée au constat d'un prix purement apparent, à l'absence d'un prix digne de ce nom. Illustration saisissante : en matière de vente moyennant rente viagère, la constatation de ce que la rente convenue dépasse, si peu que ce soit, le montant des revenus du bien vendu emporte le rejet de l'action en nullité (Civ. 3ᵉ, 7 déc. 1972, *Bull. civ.* III, n° 605).

En deuxième lieu, l'exigence d'une cause est étroitement cantonnée à la *formation du contrat.* Il suffit que la cause existe à ce moment; sa disparition ultérieure n'autorisera pas l'annulation du contrat (cf. Com., 30 juin 1987, *Bull. civ.* IV, n° 163, qui censure un arrêt d'appel pour avoir « déduit l'absence de cause de la convention des circonstances de son exécution »). L'exigence légale de commutativité se trouve ainsi strictement limitée dans le temps.

En troisième lieu et surtout, le principe d'une équivalence subjective, abandonnée à l'appréciation des contractants, ne supporte que des exceptions limitées en application du régime de sanction de la *lésion.* Celle-ci s'entend d'un défaut d'équivalence objective des prestations convenues. Elle n'est sanctionnée, selon l'article 1118, que *dans certains contrats* (pour l'essentiel, la *vente d'immeuble* – au seul profit du vendeur – et le *partage,* ainsi que quelques rares contrats visés par des lois spéciales, tel le contrat de cession du droit d'exploitation d'une œuvre de l'esprit), ou *au profit de certaines personnes* (les mineurs et les majeurs protégés). Au total, c'est très peu. Et la jurisprudence n'a guère débordé ce régime restrictif. On peut cependant évoquer la liberté qu'elle se reconnaît, parfois, de réduire des honoraires objectivement excessifs. Encore faut-il faire deux remarques : d'abord, cela ne concerne que des conventions particulières (sortes de mandats) dont le prix est difficile à fixer précisément à l'avance de sorte que l'équivalence des prestations y est naturellement assez floue; ensuite, le pouvoir que s'octroie le juge en considération de cette situation particulière cesse sitôt que le débiteur a manifesté son agrément du prix en connaissance de cause (cf. Civ. 1re, 3 juin 1986, *Bull. civ.* I, n° 150 : « les tribunaux peuvent, quand une convention a été passée en vue de l'exécution de travaux donnant lieu à honoraires, réduire ces derniers lorsqu'ils paraissent exagérés, pourvu qu'ils n'aient pas été versés en connaissance du travail effectué et après service fait »). En d'autres termes, la certitude de la volonté quant à l'équilibre du contrat impose le retour au principe.

Il reste à observer que, dans les hypothèses – rares – où le juge se trouve ainsi investi d'un pouvoir de contrôle de l'équilibre contractuel son appréciation doit demeurer strictement objective : il n'a pas à tenir compte d'éléments extérieurs au contrat, quand bien même les contractants en auraient-ils fait état (cf. Civ. 3e, 8 janv. 1992, *Bull. civ.* III, n° 9). On peut voir là une confirmation de la démarche adoptée par notre système juridique : les appréciations subjectives sont beaucoup trop complexes, nuancées et mouvantes, finalement insaisissables, pour que le droit, et le juge, s'en préoccupent.

En définitive, l'équilibre contractuel apparaît organisé selon le schéma suivant :

— *en principe,* la subjectivité de l'engagement contractuel valide le contrat, sans qu'il y ait à se préoccuper de la réalité ni du bien-fondé des appréciations qui le fondent : le contrat est subjectivement justifié de manière irréfragable, échappant ainsi, par souci de sécurité juridique, au principe de justice commutative [selon une juste observation doctrinale (Malaurie et Aynès), « faire une mauvaise affaire » n'est pas une cause de nullité du contrat];
— *par exception,* un contrat peut être remis en cause du fait de son déséquilibre objectif, et peu importent alors les considérations subjectives qui pourraient justifier celui-ci.

De tout ce qui précède, il ressort que la volonté contractuelle est une volonté matérialisée, ou si l'on préfère concrétisée. Ce sont les deux éléments cumulatifs de la *désignation nécessaire de l'objet de l'obligation* et de *l'exigence d'une cause-contrepartie* qui assurent cette concrétisation, dans une mesure au demeurant inégale : non seulement, la cause peut-elle être, en raison du principe d'équivalence subjective, purement formelle, mais encore elle bénéficie d'une présomption d'existence (art. 1132) qui autorise sa non-révélation.

III - Soumission à des normes supérieures

Pour jouer son rôle créateur de droit, conformément à l'idée de *volontarisme social* (*supra,* p. 29), la volonté individuelle ne doit pas seulement se conformer aux conditions auxquelles la loi subordonne la formation du rapport contractuel, elle doit aussi respecter, quant à sa substance, un certain nombre de règles que la loi pose en normes supérieures, auxquelles nul ne peut se soustraire dans le rapport contractuel. C'est le domaine général de *l'ordre public contractuel* (A) dont il faut distinguer la question de *l'égalité des parties,* même si elle en relève parfois (B).

A - L'ordre public contractuel

La notion d'*ordre public* correspond à ce qui, dans l'organisation des rapports juridiques, est regardé par le législateur comme essentiel à la société au point de ne pouvoir être méconnu par quiconque. Dans le domaine contractuel, cette exigence est formulée, de la façon la plus générale qui soit, par l'article 6 du Code civil : « on ne peut déroger, par des conventions particulières, aux lois qui intéressent l'ordre public et les bonnes mœurs ». Le principe impose, notamment, la nullité – c'est-à-dire l'anéantissement – de la convention qui prétendrait s'y soustraire. Il marque une limite infranchissable du pouvoir juridique de la volonté : la volonté contractuelle ne saurait être admise à remettre en cause ce qui est jugé vital pour la société. Le fait social s'impose à l'individu.

Dans cet ensemble, qui a pris aujourd'hui une importance quantitative considérable, il est devenu classique de distinguer, à titre principal, deux branches complémentaires : l'ordre public *politique,* d'une part, et l'ordre public *économique,* d'autre part.

L'**ordre public politique** réunit les règles qui tendent à la sauvegarde de l'organisation sociale (lois constitutionnelles, lois administratives, lois fiscales et lois pénales) et de ses composantes principales, la famille et l'individu (lois qui organisent le statut de la famille; principes de dignité, d'intégrité et de liberté des personnes physiques). C'est à ce titre que serait annulé, par exemple, un contrat d'assurance qui prétendrait, au mépris de la loi pénale, garantir l'assuré contre le paiement des amendes qu'il viendrait à encourir. L'ordre public politique constitue un ensemble dans lequel entrent certaines considérations morales, appréhendées par le Code civil sous l'appellation de *bonnes mœurs,* qui sont souvent laissées à l'appréciation du juge.

L'**ordre public économique** rassemble des règles qui ont vocation à s'appliquer impérativement aux relations économiques nouées par les sujets de droits, essentiellement aux échanges de biens et de services. Traduisant une intervention de l'État dans le jeu économique, cette autre partie de l'ordre public laisse apparaître deux orientations dominantes : certaines règles tendent à l'*organisation du jeu économique* – par exemple, la sauvegarde de la concurrence (ord. du 1er déc. 1986), ou encore la lutte contre les pratiques inflationnistes (réglementation des clauses d'indexation par l'ordonnance du 30 déc. 1968, art. 79) ; d'autres visent à la *sauvegarde des intérêts de telle ou telle catégorie de contractants* – réglementation du contrat de travail, mesures de protection des consommateurs… Sur le fondement de cette observation, on a pris l'habitude, à la fin du XXe siècle, de distinguer, à l'intérieur de l'ordre public économique, un ordre public **de direction** et un ordre public **de protection** ou **social**. Cette distinction n'est pas toujours d'application aisée : il est fréquent, au moins, que les deux préoccupations se mêlent dans un même texte ou que la mise en œuvre de l'une ait des effets relevant de l'autre (la condamnation de l'usure lutte contre l'inflation et protège les emprunteurs). Il convient alors de rechercher la dominante et de qualifier en considération de celle-ci. C'est utile, dans la mesure où la qualification précise de l'ordre dont relève la règle de droit considérée – direction ou protection – peut avoir une incidence sur le régime de sanction de la violation de cette règle (v. *infra*, sur la nullité, p. 100).

C'est par le biais de l'objet et de la cause des obligations engendrées par le contrat que la conformité de celui-ci à l'ordre public peut être contrôlée. Le contrat serait entaché d'illicéité par son **objet** si son examen révélait au juge des stipulations contraires aux dispositions d'ordre public. Il le serait par sa **cause** si la cause des obligations convenues apparaissait pareillement contraire à ces mêmes dispositions. Mais il convient alors d'observer que la **cause** qui est prise en considération pour ce contrôle de légalité est différente de celle qui a été précédemment évoquée à propos de l'équilibre économique du contrat. Il ne s'agit plus, en effet, d'une cause objective (cf. *supra,* p. 81 et s.) mais d'une cause *subjective,* consistant dans le *motif* qui a déterminé le contractant à conclure le contrat. Cela permet d'améliorer la répression des violations de l'ordre public : soit – exemple usuel – un contrat de vente portant sur un immeuble acquis dans le but d'y installer une activité illicite; si l'on s'en tenait à l'objet et à la cause objective, aucune sanction ne pourrait intervenir au titre de l'ordre public : ni l'immeuble, ni son prix, ne sont par eux-mêmes illicites. La prise en compte du motif de l'acquisition, au titre de la *cause subjective,* permet au contraire une sanction, en l'occurrence l'annulation du contrat.

Cette référence à la sanction est l'occasion de remarquer qu'il existe, à cet égard, une différence assez sensible, même s'il convient de ne pas la forcer à l'excès, entre l'ordre public *politique* et l'*économique.* Le premier intervient, essentiellement, par voie d'interdiction, et privilégie par là-même la sanction de la nullité : on met à néant le contrat illicite. Le second, s'il ne dédaigne pas l'interdiction, procède aussi par exigence de comportements déterminés : alors, à côté de la nullité, apparaît souvent une simple rectification du contrat, qui est maintenu, mais avec intégration, par substitution ou par complément, de stipulations conformes à la loi. C'est un procédé assez fréquemment utilisé pour assurer l'égalité des parties.

B - L'égalité des parties

En matière contractuelle, l'égalité – celle des contractants – relève du mythe, en raison, notamment des inégalités économiques. Il convient donc de veiller à ce qu'il ne soit abusé des situations de faiblesse. Le Code civil ne comporte pas de dispositions qui tendent à cette fin : les sujets de droits sont irréfragablement présumés égaux en droits et en pouvoirs. Mais une évolution profonde s'est réalisée (1), qui conduit parfois, par le biais de solutions imposées, à une sorte d'égalité forcée (2).

1 - Du contrat d'adhésion à la protection des consommateurs

C'est à la fin du XIXe siècle que fut clairement posé le problème de l'égalité des contractants. De cette époque date l'appellation de **contrat d'adhésion**, formule adoptée pour marquer que, dans certaines relations contractuelles, l'une des parties n'exerce pas un véritable choix en faveur de la convention qu'elle conclut, mais se borne à adhérer à un statut tout entier élaboré par son cocontractant et qui est à prendre ou à laisser. Cette situation, qui se caractérise notamment par l'absence de toute véritable négociation contractuelle – « autant vaudrait discuter avec un phonographe », écrivait un auteur de l'époque – est le résultat de la supériorité économique de l'un des contractants confrontée au besoin incontournable du contrat qu'éprouve l'autre.

À partir de là, il fut proposé au juge de veiller au respect d'un minimum d'équilibre contractuel en effaçant du contrat les stipulations par trop contraires à l'équité. Bien qu'incontestablement fondée dans son principe, cette théorie des contrats d'adhésion n'eut pourtant qu'un impact limité sur le droit positif : quasiment nul en *jurisprudence,* faute d'une habilitation légale du juge à semblable intervention ; assez tardif et cantonné à quelques contrats bien délimités en *législation.* C'est que, pour être certaine, la situation ainsi désignée à la vigilance du législateur et des juges restait trop difficile à cerner : il n'existait pas de critère suffisamment simple qui permît à coup sûr de localiser les secteurs d'intervention nécessaire. Il n'empêche que, dans le courant du XXe siècle, sous l'inspiration directe ou non de cette théorie, différents statuts contractuels ont été fixés par la loi, et dotés de l'autorité de l'ordre public, dans le but de ménager un équilibre contractuel rendu inaccessible par l'absence de négociation précontractuelle. Ainsi en a-t-il été, spécialement, et abstraction faite du contrat de travail, pour le contrat d'assurance, le bail rural, les baux commerciaux et le bail d'habitation ainsi que d'assez nombreux autres contrats de l'immobilier.

Mais la théorie du contrat d'adhésion a, aussi, connu une sorte de rebond, dans le dernier quart du XXe siècle, avec le mouvement législatif de **protection des consommateurs**. La référence au « consommateur » apporte cette fois un critère suffisamment précis et stable – même si des incertitudes subsistent du fait, notamment de ce que les textes ne visent pas seulement le consommateur mais « le non-professionnel ou consommateur ». Quoi qu'il en soit, l'objectif est suffisamment clair : il s'agit de protéger celui – personne physique, principalement – qui conclut, avec un professionnel, un contrat relatif à un bien ou à un service destiné à la satisfaction de ses besoins personnels, c'est-à-dire autres que ceux qui sont directement exigés par son activité professionnelle.

Sans doute les deux concepts – *contrat d'adhésion,* d'un côté, et *contrat de consommation,* de l'autre – ne coïncident-ils pas exactement, le second étant sans doute plus compréhensif ainsi qu'en atteste ce fait que la protection des consommateurs ne se limite pas au droit civil du contrat mais comporte des éléments multiples relevant notamment du droit pénal (telle la sanction de l'*abus de faiblesse ou d'ignorance,* art. L. 128-8, C. consomm.) et du droit processuel. Du moins ont-ils en commun de promouvoir une défense contre les abus qui peuvent être engendrés par un déséquilibre excessif des situations respectives des contractants.

La protection des consommateurs est devenue, à partir des années 1970, une réalité active du droit positif, consacrée, en 1993, par l'édiction d'un **Code de la consommation**. Ce Code réunit les dispositions légales et réglementaires – depuis 1997 pour ces dernières – concernant la protection des consommateurs et qui étaient demeurées éparses jusque là (certaines d'entre elles étant d'ailleurs de beaucoup antérieures au développement moderne du concept de protection des consommateurs, telles les dispositions de la loi du 1er août 1905 relatives aux fraudes et falsifications en matière de produits et de services).

Les textes qui tendent à promouvoir cette protection des consommateurs sont d'ordre public, et relèvent plus précisément de l'*ordre public économique de protection* ou *social* (*supra,* p. 87). Ils présentent ainsi, comme ceux qui ont été visés à propos du contrat d'adhésion, un caractère impératif qui permet d'imposer une égalité forcée des contractants.

2 - L'égalité forcée

De ce qui vient d'être exposé, il résulte directement que l'égalité effective des contractants n'est pas posée – est-ce concevable ? – en exigence fondamentale du contrat. Ordinairement, les contractants nouent leurs relations en vertu de leur égalité théorique, sans que l'on se soucie, dès lors que les conditions légales de la formation du contrat sont satisfaites, des déséquilibres que les talents de l'un ou les faiblesses de l'autre ont pu engendrer. C'est en exception à ce schéma qu'interviennent les dispositions légales qui viennent d'être évoquées. L'égalité forcée se manifeste alors, tantôt par l'interdiction de certaines stipulations, tantôt par l'observation impérative de certaines règles contractuelles.

Au titre des techniques d'**interdiction** ce sont sans doute les **clauses abusives** qui sont les plus remarquables. Encore faut-il bien s'entendre sur la notion. Il arrive, en effet, que le législateur, soupçonnant un abus de position dominante, interdise directement telle ou telle stipulation contractuelle, significative, à ses yeux, d'un tel abus. L'interdiction est d'ailleurs susceptible de nuances : elle peut être absolue ou limitée. La loi du 6 juillet 1989, relative au contrat de location à usage d'habitation, vise ainsi, dans son article 4, une série de clauses dont certaines sont prohibées (par exemple, l'exigence du prélèvement automatique du loyer), tandis que d'autres sont seulement limitées dans leur portée (telle la clause de résolution de plein droit du contrat qui ne peut s'appliquer qu'à certaines inexécutions, le non-paiement du loyer, principalement). La stipulation ainsi visée spécialement par la loi n'est plus seulement abusive : elle est *illicite,* pour le tout ou pour partie. Au contraire, la clause dite *abusive* est une stipulation contractuelle qui ne fait l'objet d'aucune interdiction préalable, mais qui, parce qu'elle manifeste une pression caractérisée exercée sur le contractant faible, doit être sanctionnée.

La clause abusive est aujourd'hui définie comme celle qui a pour objet ou pour effet « de créer, au détriment du non-professionnel ou consommateur, un déséquilibre significatif entre les droits et obligations des parties au contrat » (art. L. 132-1, al. 1, C. consomm. – réd. L. 1er févr. 1995). La notion, qui concerne tous les contrats de droit privé autres que ceux conclus entre professionnels pour les besoins directs de leurs exploitations, a-t-elle lieu d'être prise en compte dans les contrats administratifs ? On ne peut le soutenir que sous la réserve, essentielle, qu'aucune clause justifiée par une considération de service public ne saurait être regardée comme abusive.

C'est au juge qu'il revient, lorsqu'il est amené à constater ainsi l'existence d'une stipulation qui consacre un déséquilibre notable entre les parties, laissant supposer un abus de puissance de la part du professionnel, de déclarer la clause « abusive » et, comme telle, de la « réputer non écrite », c'est-à-dire de la gommer du contrat. Il est guidé dans cette tâche par la loi qui lui propose divers exemples qui ne sont, cependant, ni impératifs, ni limitatifs (*Annexe* à l'art. L. 132-1). Le pouvoir dont le juge se trouve ainsi investi est considérable : il a vocation à s'appliquer à la plupart des stipulations du contrat. Sous une importante réserve, toutefois, et qui est caractéristique : l'appréciation du caractère abusif des clauses ne porte ni sur la définition de l'objet principal du contrat, ni sur l'adéquation du prix ou de la rémunération au bien vendu ou au service offert (art. L. 132-1, al. 7). En bref, l'équilibre économique du contrat demeure la chose des parties (*supra,* p. 82 et s.).

Mais la compensation d'une inégalité excessive des parties n'a pas toujours lieu de s'opérer par voie d'interdictions. Comme l'énonçait le texte originaire relatif aux clauses abusives (art. 35 de la loi n° 78-23 du 10 janv. 1978), qui appelait le pouvoir réglementaire à intervenir en ce domaine – ce qu'il peut toujours faire – ces clauses pouvaient être « interdites, limitées ou *réglementées* ». Ce dernier procédé, qui tend à **imposer certaines règles contractuelles** en vue de la prévention des abus, est banal dans sa nature, mais il échappe au juge, du fait même de cette nature.

C'est celui qu'avaient déjà mise en œuvre les lois intervenues pour organiser certains contrats *d'adhésion,* notamment le contrat d'assurance (L. 13 juill. 1930). La démarche s'est multipliée, dans la seconde moitié du XXe siècle, spécialement dans le domaine *immobilier,* avec la mise en place de statuts légaux de protection, plus ou moins vastes selon les cas, mais toujours impératifs. Le résultat en est que, pour corriger le déséquilibre existant entre les contractants, ceux-ci sont tenus d'insérer dans leur convention les stipulations que la loi estime nécessaires à l'équilibre contractuel, ou encore de se conformer à des exigences minimales ou maximales fixées par la loi. On est alors en présence de ce qu'on pourrait appeler, par esprit de réciprocité, des « clauses réputées écrites » : que le contrat n'en dise rien ou qu'il comporte une stipulation différente, c'est la clause, ou la mesure, voulue par le législateur qui fera la loi des parties. Ainsi en va-t-il, par exemple, des clauses relatives à l'échelonnement du paiement du prix dans la vente d'immeuble à construire dans le domaine du logement (art. R. 261-14, C. constr. et habit.), de celles relatives au droit pour le consommateur de procéder, sans indemnité, au remboursement anticipé du prêt qu'il a souscrit (art. L. 311-29, C. consomm.), ou encore de celles qui concernent la durée du bail d'habitation (L. 6 juill. 1989, art. 10)…

Cette réglementation préventive s'étend, exceptionnellement, à l'équilibre économique du contrat en pesant directement, souvent avec le concours du juge, sur la **fixation du prix**. Il s'agit là d'un phénomène qui est non seulement rare, mais encore étroitement localisé : il concerne les louages d'immeuble traditionnels, à savoir les baux d'habitation, les baux ruraux et les baux commerciaux. Il n'en est pas moins remarquable : dans les deux premiers cas, la loi détermine, de façon plus ou moins stricte, les conditions de fixation du loyer tant à l'occasion de la conclusion initiale du contrat qu'à celle de son renouvellement (art. 17, L. 6 juill. 1989; art. L. 411-11, C. rur.);

dans le troisième, elle n'intervient qu'à ce second stade (art. 23, D. 30 sept. 1953).

Sous ses différents aspects, cette soumission de la volonté des contractants à des normes regardées comme supérieures marque les limites de la délégation de pouvoir dont se trouvent investis les sujets de droit dans le jeu contractuel (*supra,* p. 29). Elles soulignent ainsi, même si elles ne sont assurément pas négligeables, la consistance de ce pouvoir créateur de droit des volontés individuelles qui, pour être certainement délégué, n'en reste pas moins considérable.

IV - Le respect des exigences de forme

De manière significative, l'article 1108 du Code civil, qui pose les conditions essentielles pour la validité des conventions, ne mentionne pas la *forme* du contrat. Le Code consacre de la sorte, par prétérition, le principe du **consensualisme** : le contrat se forme par la seule vertu de l'accord des volontés; sa perfection n'est pas subordonnée à l'accomplissement d'une formalité particulière (pas même, en dépit d'une croyance assez répandue, à la *signature* des contractants). C'est l'application, en droit contractuel, du précepte moral de respect de la parole donnée, application qui s'est imposée en France depuis la fin du XIVe siècle.

Cela ne signifie pas, cependant, que le droit français ignore systématiquement les exigences de forme. À beaucoup près.

D'abord, et abstraction faite du cas particulier des formalités exigées, en matière immobilière, par la **publicité foncière**, pour assurer l'opposabilité des actes générateurs ou translatifs de droits réels, les besoins de la **preuve** imposent le plus souvent l'établissement du contrat par écrit. Un tel écrit est en effet nécessaire dès lors que l'intérêt en cause est supérieur à 5 000 F (art. 1341) : un acte est alors établi, non pas pour former le contrat, mais pour constituer par avance le moyen d'en prouver l'existence, ce qui, il est vrai, n'est pas substantiellement très différent dans la mesure où il revient pratiquement au même qu'un contrat ne soit pas formé ou que son existence ne puisse être démontrée.

Ensuite, il est assez fréquent que certaines formes soient exigées, par exception au principe du consensualisme, pour la validité de certains contrats. Il s'agit alors d'un **formalisme** véritable : le consentement des parties, qui demeure nécessaire, ne suffit plus à la formation du contrat, laquelle est subordonnée à l'accomplissement de la formalité imposée par la loi. Un tel formalisme a toujours existé dans le Code civil, qui a consacré, d'une part, l'existence de *contrats réels,* dont la formation est subordonnée à la remise de la chose qui fait l'objet du contrat – ainsi, sous diverses réserves, aujourd'hui, du *prêt* (art. 1875) – et d'autre part, celle des *contrats solennels,* qui exigent, pour leur formation, l'établissement d'un acte écrit, le plus souvent authentique – telle la *donation* (art. 931).

Ce formalisme reste d'exception dans le cas des *contrats civils et commerciaux,* même s'il est de plus en plus fréquent, aujourd'hui, que des textes particuliers imposent, pour la formation du contrat, l'observation de règles de forme, le plus souvent l'établissement d'un acte écrit. Cette évolution contemporaine trouve sa cause dans l'adéquation des vertus informatives de la confection d'un écrit au souci croissant d'un consentement mieux éclairé. Ainsi s'explique que, dans le dernier quart du XXe siècle, le formalisme soit, de fait, devenu la règle dans le domaine des contrats immobiliers, et que les lois de protection des consommateurs aient multiplié les exigences de forme – acte écrit et mentions imposées dans l'acte. Il n'en reste pas moins vrai que le consensualisme demeure clairement le principe.

Il pourrait sembler douteux qu'on puisse en dire autant des *contrats administratifs,* pour lesquels les textes imposent le plus souvent des formes particulières qui, d'ailleurs, ne se limitent pas à l'exigence d'un écrit mais consistent aussi, souvent, dans le respect de procédures particulières précisément réglementées (ainsi de l'adjudication des marchés publics). Pourtant, il est généralement admis que le principe demeure, ici encore, celui du consensualisme : en l'absence de texte posant une exigence de forme, l'accord de volontés suffit pour former le contrat.

Section 2
La nullité du contrat irrégulier

La sanction habituelle et, en tout cas, principale, de la méconnaissance des conditions de formation du contrat est la nullité du contrat, c'est-à-dire, très schématiquement, son anéantissement pur et simple. La solution relève, *a priori,* du plus élémentaire bon sens : puisque, par hypothèse, il manque au prétendu contrat un élément nécessaire à sa formation, il n'y a en réalité qu'une apparence de contrat. C'est cette apparence que la nullité fait disparaître en la gommant, restaurant ainsi la réalité vraie : l'absence de contrat.

Sanction « naturelle », pourrait-on dire, des conditions de formation du contrat, la nullité n'est cependant ni la sanction exclusive de leur méconnaissance, ni, surtout, un mécanisme simple. D'abord, il arrive que la nullité soit écartée au profit d'un mécanisme différent (*réfection du contrat* en conformité de la règle méconnue – par ex. exigence d'un acte écrit pour le bail d'habitation, art. 3, L. 6 juill. 1989 – ou encore, *sanction pénale* – art. L. 312-33, C. consomm.) ou encore qu'elle se combine avec une autre solution (ainsi avec la *responsabilité civile,* comme c'est le cas pour le *dol,* où la victime peut, selon son choix, demander l'annulation du contrat ou de simples dommages-intérêts, voire, éventuellement, le cumul de ces deux sanctions). Ensuite, et c'est sur quoi il convient de s'attarder, la nullité se caractérise comme une *notion complexe* (I) dont l'exacte *portée* doit être précisée (II).

I - La notion de nullité

La nullité consiste essentiellement dans une mesure d'effacement de l'apparence de contrat qui a été créée : il s'agit de faire comme si le contrat imparfait n'avait jamais existé.

Cette approche de la notion, qui commande assez directement la portée de la sanction (*infra,* II), peut cependant susciter une ambiguïté : le contrat étant par hypothèse incomplet dans ses éléments constitutifs, on pourrait dire qu'il n'y a pas de véritable contrat, ou encore que le prétendu contrat est en réalité *inexistant.* Il convient cependant de veiller à ne pas confondre **nullité** et **inexistence**. Ce dernier terme doit être réservé aux seuls cas où aucun accord de volontés, fût-il entaché d'un manquement aux conditions de validité du contrat, n'a été noué. Pratiquement, cela concerne des situations de négociation contractuelle inachevée où l'une des parties prétend pourtant qu'un consentement a été échangé : le contentieux est alors un contentieux *d'exécution,* le prétendant au contrat réclamant au juge soit la proclamation de la conclusion du contrat, soit, plus directement, sa mise en œuvre. La nullité est au contraire spécifique des apparences de contrat résultant d'un acte dûment conclu mais entaché d'irrégularités, peu important qu'il soit, ou non, assorti d'une exécution. Le contentieux est alors *de pure dénégation* de l'apparence constituée.

Cet aspect contentieux est fondamental : il révèle que la nullité, ou, pour mieux dire, l'annulation du contrat, repose sur l'exercice d'une action tendant à cette fin et suppose donc la reconnaissance d'un *droit d'agir en nullité,* c'est-à-dire un droit de dénoncer l'imperfection qui affecte le contrat et de revendiquer la sanction de ce vice. C'est ce que l'on a appelé, de manière évocatrice, un **droit de critique** à l'encontre du contrat.

Ce droit de critique est plus ou moins largement accordé selon la cause de nullité dont le contrat est atteint, selon la finalité de la règle de droit qui a été méconnue. S'il s'agit d'une règle de protection des intérêts d'une personne déterminée, le plus souvent ceux de l'un des contractants, seule cette personne se voit investie du droit d'exercer l'action en nullité. C'est le cas, notamment, des règles qui tendent à garantir un consentement éclairé – absence ou vices du consentement et incapacités. On dit alors que la nullité est **relative**, pour marquer que son attribution est limitée à un cadre restreint de personnes : celles-là seules que la loi veut protéger. Au contraire, la nullité est qualifiée d'**absolue** lorsque la condition de validité du contrat méconnue est de celles qui sont posées dans un intérêt général, pour la sauvegarde de la société. Tel est le cas des règles d'ordre public : leur violation, par le biais d'un objet ou d'une cause non conforme à la règle, peut être dénoncée par toute personne qui y a intérêt, l'un comme l'autre des contractants de même que tout tiers intéressé. Il convient cependant de faire une exception pour les règles qui relèvent de l'ordre public économique de protection (*supra,* p. 87) : leur finalité interdit que l'action soit accordée à une personne autre que celle que la règle vise à protéger de sorte que la nullité est relative.

Il ressort de tout cela que la distinction qui est ainsi faite entre les nullités *absolues* et les nullités *relatives* est seulement fondée sur une différence d'ampleur de l'attribution du droit d'agir en nullité du contrat. Elle ne tend aucunement à exprimer une différence de gravité des causes de nullité. Au demeurant, comme on le verra ci-après, les *effets* de la nullité sont les mêmes dans les deux cas.

En revanche, ces deux sortes de nullité sont soumises à un régime différent pour ce qui concerne l'extinction du droit d'invoquer la nullité. Les nullités **relatives** se prescrivent par cinq ans. Elles peuvent aussi donner lieu à *confirmation,* ce qui signifie que le titulaire du droit d'agir en nullité est admis à renoncer, en connaissance de cause, à son action en nullité du contrat, ce qui a pour résultat de consolider définitivement celui-ci en dépit du vice dont il est affecté (par exemple, le contractant qui a commis une erreur propre à justifier l'annulation du contrat reste libre, pour peu qu'il juge le contrat conclu satisfaisant, de renoncer à en demander la nullité). Au contraire, les nullités **absolues** sont soumises à la prescription trentenaire et ne peuvent donner lieu à confirmation. La raison en est que ces nullités sont édictées pour la sauvegarde de l'intérêt général : il est souhaitable que cette sauvegarde soit assurée plus longtemps que lorsque seuls des intérêts particuliers sont en cause, et il n'appartient à personne d'y renoncer (étant observé qu'au surplus une telle renonciation serait elle-même pareillement contraire à la règle violée par le contrat). Il faut remarquer que les éléments de ces deux régimes peuvent, parfois, se combiner. Tel est le cas pour les nullités qui relèvent de l'ordre public économique de protection : parce que la nullité est d'ordre public, il n'est pas possible d'y renoncer et donc de confirmer le contrat; mais, puisqu'il s'agit d'une règle qui instaure essentiellement une protection individuelle, la prescription quinquennale a vocation à s'y appliquer. Sous cette réserve, assez exceptionnelle, l'opposition de régime des nullités relatives et des nullités absolues est nettement marquée.

Il est un point, cependant, où ces deux sortes de nullité se trouvent soumises à une règle commune : celle selon laquelle la nullité invoquée par voie d'**exception** – c'est-à-dire en défense à une action en exécution d'un contrat demeuré jusque-là *inexécuté* – est imprescriptible. À la différence de l'action en nullité, l'*exception de nullité* est en effet *perpétuelle*. La raison de cette solution relève d'une considération de sécurité juridique : en repoussant l'action en exécution du contrat, l'exception de nullité tend à préserver la situation d'*inexécution* acquise jusque-là. En cela elle repose sur le même fondement que la solution inverse de *prescription* de *l'action en nullité*, laquelle empêche la remise en cause du contrat exécuté et conforte pareillement la situation acquise, qui est alors une situation d'exécution.

II - La portée de la nullité

La dénonciation de la cause de nullité qui affecte le contrat tend, naturellement, à l'effacement de celui-ci : il s'agit de rétablir les choses comme elles auraient dû être et donc à faire disparaître le contrat irrégulier. La logique commande que cet effacement soit **rétroactif,** c'est-à-dire qu'il remonte jusqu'au jour de la conclusion du contrat : c'est la traduction de ce que *ce* contrat, tel qu'il a été conclu, n'aurait jamais dû exister. Cet effet rétroactif de la nullité permet seul l'effacement complet du contrat irrégulier : parce que le contrat a disparu, aucune exécution ne peut plus être réclamée; parce qu'il est censé n'avoir jamais existé, ce qui a été exécuté *avant* que ne soit prononcée l'annulation se trouve privé de fondement et doit, en conséquence, être restitué.

Il arrive cependant que la rétroactivité de la nullité soit, exceptionnellement, écartée en considération d'intérêts ou de circonstances particulières. On en évoquera deux hypothèses.

En premier lieu, il est traditionnellement admis, par application d'adages du droit romain, que l'immoralité partagée des contractants qui ont conclu une convention contraire aux bonnes mœurs, leur interdit, non pas de demander l'annulation de ce contrat, mais de se fonder sur sa nullité pour prétendre à des restitutions. L'objectif est de dissuader de conclure de telles conventions en privant ceux qui les concluent des garanties ordinaires du droit.

En second lieu, la question est discutée de savoir si la rétroactivité de l'annulation doit ou non être maintenue lorsque l'une des prestations exécutées ne peut faire l'objet d'une restitution : ainsi dans le cas de l'annulation d'un bail d'habitation après un temps d'exécution, la jouissance des lieux par l'occupant ne peut évidemment pas être restituée, à la différence des loyers qui ont été payés. Deux solutions sont alors concevables : soit de faire jouer la rétroactivité ordinaire en imposant les restitutions possibles (dans l'exemple, la restitution par le bailleur des loyers perçus), le juge ayant alors la charge de fixer une indemnité au bénéfice du contractant dont les prestations ne sont pas restituables (dans l'exemple, une indemnité d'occupation au profit du propriétaire du logement); soit de considérer que, par exception, la nullité n'opère que pour l'avenir, comme une résiliation (dans l'exemple, les relations des parties antérieures à l'annulation demeurant régies par les stipulations convenues). Cette dernière solution, qui ne saurait être admise que pour les clauses du contrat non affectées par la cause de nullité, ont l'avantage de donner à la relation des parties un cadre précis à l'abri des incertitudes inhérentes à l'appréciation du juge.

Par commodité, on a raisonné jusqu'à présent, sur la base d'une **nullité totale,** c'est-à-dire d'une nullité affectant l'ensemble du contrat. Mais il n'y a pas toujours lieu d'annuler le contrat tout entier. La nullité totale s'impose, assurément, lorsque la cause de nullité qui l'affecte entache par nature l'ensemble du contrat : absence ou vice du consentement à la relation contractuelle, objet du contrat ou cause illicites... En revanche, si la cause de nullité ne concerne qu'une partie du contrat, une ou plusieurs clauses isolées, une telle nullité totale ne s'impose pas nécessairement.

Au résultat d'une interprétation jurisprudentielle de dispositions apparemment contraires du Code civil – art. 900 et 1172 – concernant respectivement les actes à titre gratuit et les actes onéreux, il est acquis qu'en l'absence de disposition particulière de la loi l'étendue de la nullité dépend de l'importance que les parties avaient attachées aux stipulations entachées de nullité : si elles étaient *déterminantes de leur consentement,* il doit y avoir lieu à nullité totale du contrat ; sinon, une nullité **partielle,** limitée à la stipulation irrégulière, suffira, le contrat étant maintenu pour le reste. À défaut d'indication particulière du contrat quant à ce caractère déterminant, c'est au juge qu'il revient de se prononcer sur celui-ci. Il y a place, dans cette recherche, pour quelque artifice et l'appréciation de l'opportunité d'une nullité totale ou au contraire partielle, au regard de l'intérêt des parties en cause, joue sans doute un rôle important.

Mais il arrive assez souvent que la loi, en édictant la règle dont la méconnaissance est sanctionnée par la nullité, précise que la nullité sera seulement partielle. La formule consacrée est que la clause visée est « **réputée non écrite** ». Ainsi en va-t-il pour les clauses que le juge est amené à qualifier d'abusives, en vertu de l'article L. 132-1, al. 6, C. consomm., ou encore, en vertu de l'article 4 de la loi du 6 juillet 1989, de diverses stipulations que la loi interdit en matière de baux d'habitation. La formule signifie clairement que de telles clauses doivent être gommées du contrat sans que celui-ci soit remis en cause pour le reste. L'interprétation complémentaire selon laquelle cette formule consacrerait du même coup, puisque la clause incriminée est réputée ne pas figurer dans le contrat, l'inexistence pure et simple de la clause considérée, est plus hasardeuse.

Lire aussi

- *Berlioz, Le contrat d'adhésion, 1973*
- *Chardin, Le contrat de consommation de crédit et l'autonomie de la volonté, préface Aubert, avant-propos, Koering-Joulin, 1988*
- *Couturier, La confirmation des actes nuls, préface Flour, 1972*
- *« L'ordre public de protection, heurs et malheurs d'une vieille notion neuve », in Etudes Flour, p. 9*
- *Fabre-Magnan, De l'obligation d'information dans les contrats. Essai d'une théorie, préface Ghestin, 1992*
- *Farjat, L'ordre public économique, préface Goldman, 1963*
- *Flour, « Quelques remarques sur l'évolution du formalisme », in Etudes Ripert, t. I, p. 93*
- *Gounot, Le principe de l'autonomie de la volonté en droit privé, 1912*
- *Guelfucci-Thibierge, Nullité, restitutions et responsabilité, préface Ghestin, 1993*
- *Japiot, Des nullités en matière d'actes juridiques, 1909*
- *Kullmann, « Remarques sur les clauses réputées non écrites », D., 1993, Chr. 59*
- *Malaurie, Les contrats contraires à l'ordre public, préface Esmein, 1951*
- *Maury, Essai sur le rôle de la notion d'équivalence en droit civil français, 1920*
- *Richer, Droit des contrats administratifs, 1995, et, Les contrats administratifs, Connaissance du droit, 1991*
- *Ripert, La règle morale dans les obligations civiles, 1949*
- *Simler, La nullité partielle des actes juridiques, préface Weill, 1969.*

Chapitre IV

L'effet obligatoire du contrat

La *création d'obligations* est le propre du contrat : c'est ce qui le distingue parmi les conventions (Section 1). Mais la force obligatoire du contrat ne se limite pas à cet effet, ponctuel, créateur d'obligations : le contrat *engage,* de façon globale, celui qui le souscrit (Section 2).

Section 1

La création d'obligations

Le pouvoir de créer un lien de droit entre deux personnes, et donc deux patrimoines, propre à assurer un déplacement de valeur économique – bien ou service – entre les deux pôles ainsi doublement caractérisés (personnes et patrimoines), ne peut se concevoir sans un encadrement strict. C'est le principe dit de *l'effet relatif du contrat* qui y pourvoit (I). La rigidité du principe se trouve soulignée, en quelque sorte, par ce fait qu'il ne supporte qu'une seule exception : le cas particulier de *la stipulation pour autrui* (II).

I - Principe de l'effet relatif du contrat

C'est l'article 1165 du Code civil qui pose en principe l'effet relatif du contrat : « les conventions n'ont d'effet qu'entre les parties contractantes; elles ne nuisent point au tiers, et elles ne lui profitent que dans le cas prévu par l'article 1121 », cette ultime indication visant la stipulation pour autrui.

La loi enferme ainsi le pouvoir créateur d'obligation reconnu aux sujets de droit dans des limites étroites et précisément définies : les contractants – les « parties contractantes » – ne sont investis de ce pouvoir que dans leurs rapports réciproques, et par conséquent dans la limite et sous le contrôle de leurs volontés respectives. Le principe vaut, sauf quelques nuances, pour le contrat administratif comme pour le contrat de droit privé.

La règle de l'article 1165 n'a d'autre objet que de définir la portée de la faculté laissée aux sujets de droit de faire naître, par un accord de volontés, des obligations, que ce soit en tant que *dette* ou comme *créance*. C'est une règle de bon sens et de prudence sociale, qui s'inscrit dans la logique de l'idée de droit subjectif : elle permet à chacun d'organiser ses affaires avec qui il a intérêt à le faire, sans autoriser les ingérences dans celles des autres – les **tiers** – fût-ce pour leur constituer un droit. En bref, les parties contractantes sont libres de s'obliger l'une envers l'autre, avec ou sans réciprocité; elles ne peuvent, en revanche, constituer un tiers, qui n'a pas mêlé sa volonté à la leur, ni *débiteur* – ce qui apparaît assez évident – ni même *créancier* – ce qui souligne la volonté légale de sauvegarder l'**indépendance,** et par là-même la **liberté,** de chacun.

Cela permet d'observer que ce que l'on appelle, souvent, la « loi contractuelle », selon la formule soufflée par l'article 1134 pour souligner la soumission des contractants au système de droits et d'obligations qu'ils ont établi par leur convention, est en vérité tout le contraire d'une loi : au lieu que celle-ci est impersonnelle et générale, celle-là est clairement spéciale et individuelle.

Il est utile, alors, de préciser la notion de **partie contractante**.

A priori, cette notion est parfaitement simple : la formule désigne les personnes qui ont échangé leurs consentements, celles-là mêmes qui ont formé l'accord de volontés fondateur du contrat. Cela ne fait pas de doute. Mais les mécanismes de **représentation** introduisent ici un élément de complexité. La formation d'un contrat, en effet, n'exige pas la présence physique des contractants à la conclusion de l'accord de volontés. Celui qui veut contracter peut parfaitement laisser le soin de passer le contrat à une tierce personne, qu'il désigne comme son *représentant* et qu'il habilite spécialement à cet effet, en vertu d'un **pouvoir** qui peut être plus ou moins large selon son choix (conclure un contrat déjà négocié par le représenté, ou négocier et conclure le contrat pour lui). Dans un tel cas, seul le *représenté* est *partie contractante* – c'est lui seul qui veut le contrat et qui entend se soumettre à ses effets; le *représentant,* qui intervient *au nom et pour le compte* du représenté, demeure, malgré sa participation formelle à l'établissement du contrat, un *tiers.* Certaines représentations, dites *imparfaites* – telle la *commission,* en vertu de laquelle le représentant, dit *commissionnaire,* agit en son nom personnel mais pour le compte d'autrui, le *commettant* – créent des situations plus compliquées dont, toutefois, l'aboutissement normal – mais il peut en aller autrement – consacre une situation identique à celle de la représentation parfaite : le *commettant* se dévoile comme véritable *partie contractante,* tandis que le commissionnaire se trouve finalement relégué dans la situation d'un *tiers*, à compter du moment où le commettant déclare *reprendre le contrat.*

Dans ces différentes situations, ce qui caractérise la *partie contractante,* c'est en définitive sa volonté propre – volonté de conclure le contrat et d'être régi par ses effets. Là se trouve le critère de la notion.

Cela reste vrai, même si cette qualité de *partie contractante* doit être aussi reconnue à une catégorie particulière de contractants pour lesquels la formule est sans aucun doute artificielle : les *incapables.* Ceux-ci, en effet, ne disposent pas d'une volonté personnelle qui soit à elle seule suffisante pour donner naissance à un contrat, soit parce qu'elle n'est pas encore assez mûre (cas des *mineurs*), soit parce qu'elle se trouve altérée (cas des *majeurs protégés*). Pour ne pas les exclure du commerce juridique – ce qui serait de nature à nuire à leurs intérêts, si ce n'est à dénier leur qualité de personnes – la loi organise, selon les cas, un système de *représentation* ou un mécanisme d'*assistance :* le contrat peut être conclu, sur la tête de l'incapable, grâce à l'intervention, à sa place (représentation), ou à côté de lui (assistance), d'une tierce personne dont la volonté, fortement encadrée par la loi, pallie les insuffisances de sa volonté propre. C'est cette sorte de « prothèse psychologique », dont bénéficie l'incapable, qui permet de l'intégrer, le cas échéant, comme tous les autres sujets de droit, dans la catégorie des « parties contractantes ».

Le principe de l'effet relatif signifie donc que le contrat ne peut engendrer d'obligation qu'au profit ou à la charge des **parties contractantes** ainsi entendues : celles-ci n'ont pas le pouvoir de faire naître, par le seul effet de leur volonté, une obligation sur la tête d'un **tiers**.

Il convient, toutefois, d'observer que l'opposition ainsi faite entre les « parties contractantes », soumises au contrat, d'un côté, et les « tiers » qui, de l'autre, échappent à son emprise, n'épuise pas, à elle seule, la question de la délimitation du champ d'application de l'effet obligatoire du contrat, même si elle en constitue la base nécessaire. Cela tient à ce que les deux groupes ainsi distingués sont affectés d'une instabilité qui se manifeste à l'occasion de la vie du contrat (*infra*, p. 122 et s. et 130 et s.) au cours de laquelle certains tiers sont appelés à prendre la qualité de « partie au contrat » tandis que, à l'inverse, des « parties contractantes » peuvent perdre la qualité de « partie ». L'article 1165 ne dispose en effet qu'en considération de l'instant de la formation du contrat, ce que souligne l'exception faite pour la stipulation pour autrui.

II - La stipulation pour autrui

L'article 1165 consacre la *stipulation pour autrui* comme exception unique au principe de l'effet relatif. Selon l'article 1121, il s'agit d'une convention en vertu de laquelle une personne le *stipulant* – obtient d'une autre – le *promettant* – qu'elle s'engage envers une troisième personne – le *tiers bénéficiaire* – restée étrangère à cette convention. Un bon exemple en est fourni par l'assurance sur la vie en cas de décès : le souscripteur *(stipulant)* demande à l'assureur *(promettant)* de s'engager envers une tierce personne (le *tiers bénéficiaire*) à payer à celle-ci une certaine somme, au jour où il viendra à décéder.

La stipulation pour autrui, qui trouve sa base dans un contrat conclu entre le stipulant et le promettant, n'est soumise, dans l'interprétation qui a été faite de l'article 1121, à aucune exigence restrictive : il faut, mais il suffit, que le stipulant ait un *intérêt personnel,* fût-il moral, à l'opération. Cette compréhension libérale a permis un développement considérable de ce mécanisme dans la pratique, de *convention expresse* (assurances-vie; assurances « pour compte »; donation avec charges au profit d'un tiers; clauses de garantie de passif dans les cessions de droits sociaux; clauses d'intéressement du personnel dans les marchés de travaux publics...) ou même, selon la jurisprudence, de convention *implicite* (stipulation du voyageur, pour le cas d'accident mortel, au bénéfice de ses proches parents, dans le contrat de transport; stipulation des établissements de soins pour leurs patients dans les contrats conclus avec les centres de transfusion sanguine...).

Même si l'effet obligatoire de la stipulation pour autrui, à l'égard du tiers, comporte certaines particularités, il n'en demeure pas moins que la dérogation au principe de l'effet relatif est patente : un tiers, dont la volonté ne participe en aucune façon à la mise en place de l'opération, devient créancier par le seul effet de l'accord de volontés qui s'est noué en dehors de lui.

L'essentiel est en effet que le droit créé par l'accord des volontés du stipulant et du promettant naît immédiatement dans le patrimoine du tiers bénéficiaire, dès le moment de cet accord et en l'absence de toute manifestation de volonté de ce dernier. Toutefois, cet effet obligatoire envers le tiers *n'est pas absolu :* d'une part, conformément à la préoccupation de liberté précédemment évoquée, le tiers reste libre de refuser le droit constitué à son profit : il est alors censé n'en avoir jamais bénéficié; d'autre part, le stipulant conserve une certaine maîtrise du droit dont il a investi le tiers : il est admis à le rétracter. Mais cette *faculté de révocation* n'existe que tant que le tiers n'a pas déclaré, expressément ou tacitement, vouloir bénéficier de la stipulation faite à son profit. Au contraire, dès l'instant qu'il a manifesté une telle volonté, le tiers se trouve définitivement et irrévocablement investi du droit constitué pour lui, à compter de l'accord noué par le stipulant et le promettant.

L'exception ainsi apportée au principe de l'effet relatif du contrat permet de mieux comprendre celui-ci et de mieux mesurer sa portée réelle. La stipulation pour autrui consacre, il faut le remarquer, un effet obligatoire *immé-*

diat et *instantané* de l'accord de volontés établi par le stipulant avec le promettant : c'est par leur *seule volonté* et *dès l'instant* de leur convention, que le droit prend naissance dans le patrimoine du tiers. On peut induire de là que le principe de l'effet relatif énoncé par l'article 1165, et auquel il est ainsi dérogé, n'est édicté lui-même qu'en considération de l'instant de la formation du contrat et qu'il ne définit la portée de l'accord de volontés qu'abstraction faite de toute autre circonstance. En d'autres termes, le principe de l'effet relatif affirmé par l'article 1165 délimite seulement, pour le moment précis de la formation du contrat, le pouvoir créateur d'obligations reconnu à la volonté des contractants isolément considérée. Il affirme que les parties contractantes n'ont pas le pouvoir de lier, par leur seule volonté, les tiers. Il ne préjuge pas des effets *ultérieurs* et, surtout, *médiats,* que le contrat pourrait emporter du fait de son insertion dans le contexte juridique où il intervient, et de sa combinaison nécessaire – parce que le contrat est un fait social – avec les autres situations juridiques (v. *infra,* p. 125 et s.).

Section 2
L'engagement contractuel

On fait rarement état, à côté de l'effet générateur d'obligations qui est attaché au contrat, de l'existence d'un *engagement contractuel* qui en serait un complément distinct. Il est peut être utile, cependant, de le mettre en lumière, ne serait-ce que pour éviter certaines confusions. Cet engagement contractuel n'est en fait que la manifestation de *l'effet de contrainte des actes juridiques* (I), lequel se traduit, dans le cas du contrat, par *l'intangibilité unilatérale* de celui-ci (II).

I - L'effet de contrainte des actes juridiques

Le contrat ne donne pas seulement naissance à des obligations qui, par nature, lient le débiteur jusqu'à l'exécution. Il détermine un effet de contrainte plus global qui interdit la remise en cause de la situation juridique constituée par le contrat dans tous ses éléments – ensemble de droits et d'obligations, bien sûr, mais aussi règles d'organisation de la relation contractuelle (durée du contrat, périodicité des prestations, modalités de paiement, etc.) et conventions annexes (abonnements d'entretien, contrats de maintenance…).

Il s'agit là de l'effet ordinaire qui s'attache à tout acte juridique, et auquel, il est vrai, on ne prête pas toujours une suffisante attention, tant il paraît aller de soi. Tout acte juridique, alors même qu'il n'engendre aucune obligation, n'en engage pas moins son auteur de manière irréversible, sous la seule réserve de sa validité et des cas où la loi admet formellement qu'il peut être remis en cause (ainsi du divorce, pour le mariage). C'est vrai de tous les *actes juridiques civils :* qu'il s'agisse du mariage, d'une adoption, d'une reconnaissance de filiation, de la renonciation à un droit ou d'une remise de dette, celui ou ceux qui ont voulu et décidé cet acte ne peuvent ensuite prétendre revenir en arrière (et si l'auteur d'un testament peut toujours le modifier, c'est seulement parce que cet acte là n'est parfait, c'est-à-dire définitivement constitué, qu'au décès du testateur).

Cela est également vrai, même s'il existe alors d'importantes nuances, pour les *actes juridiques de l'ordre administratif,* abstraction faite du cas particulier des actes réglementaires : les actes de l'administration, et en particulier les décisions exécutoires, ne sont pas soumis à un pur pouvoir potestatif de la puissance publique; leur abrogation ou leur retrait ne relèvent pas d'un pouvoir discrétionnaire de l'administration.

C'est dire que, par nature et par essence, **l'acte juridique engage** son auteur et que la contrainte est inhérente à l'activité juridique volontaire, ce qui est dans la logique de sécurité qu'implique la fonction organisationnelle du droit. La prise en compte des volontés individuelles par l'ordre juridique n'est pas et ne peut pas être un abandon aux fantaisies et aux velleités de chacun : elle est faculté d'un choix qui, une fois exercé, n'a plus lieu, en principe, d'être remis en question (cf. au regard de la question de la formation du contrat, *supra,* p. 51 et s.). Il faut donc dénoncer le faux dilemme, parfois mis en avant pour contester le rôle de la volonté dans les actes juridiques, d'une volonté qui, parce qu'elle est libre, conserverait le pouvoir de se rétracter. Une volonté qui prétend s'engager tout en se réservant le pouvoir de se dégager n'est qu'une contradiction, au mieux génératrice d'une apparence d'engagement : comme telle on peut, selon les cas, soit la négliger en lui déniant toute fonction juridique, soit, à l'inverse, la consacrer comme engagement irrévocable (cf. les « engagements d'honneur », *supra,* p. 53).

Il n'y a pas lieu de s'étonner que le contrat, dont on sait le rôle essentiel dans le fonctionnement de la société (*supra,* p. 22 et s.), soit générateur de cette contrainte caractéristique des actes juridiques. La délégation de pouvoir consentie, par l'ordre juridique, à la volonté individuelle et qui lui confère un certain pouvoir normatif n'entame en rien l'effet de contrainte propre aux actes juridiques : ici comme là, la sécurité juridique exige un engagement irrévocable. Mais il convient aussi de tenir compte de ce que le contrat est œuvre bipartite.

II - L'intangibilité unilatérale du contrat

L'article 1134, al. 2, dispose que les conventions – donc les contrats – ne peuvent être révoquées que du consentement mutuel de ceux qui les ont conclues ou pour les causes que la loi autorise. La formule exclut, en principe, toute faculté unilatérale de révocation du contrat : aucun des contractants n'a le pouvoir d'imposer à son partenaire ni la mise à néant du contrat, ni même une simple modification de celui-ci. Le contrat est unilatéralement **intangible**.

À cela la loi n'apporte, en *droit privé,* que quelques exceptions. Ainsi, pour s'en tenir à des exemples variés : chacun des contractants a la faculté de mettre fin, de sa seule volonté, au contrat qu'il a conclu pour une *durée indéterminée* (souci de liberté individuelle); le contrat de *mandat* peut être rompu unilatéralement lorsque vient à s'altérer la confiance réciproque des parties (souci de réalisme); de manière très différente, s'agissant des *contrats synallagmatiques,* le créancier de l'obligation inexécutée peut requérir du juge la *résolution* du contrat (souci d'efficacité; cf. *infra*, p. 141).

S'agissant, au contraire, des *contrats administratifs,* la solution est directement contredite par le pouvoir de *modification unilatérale du contrat* qui est reconnu à l'administration. Cette faculté se fonde sur la considération du service public dont les conditions d'y satisfaire peuvent évoluer au cours du temps. Aussi, toute modification du contrat imposée par l'administration doit-elle être justifiée par un besoin du service public. Ce pouvoir ne correspond donc pas à celui de réaménager au gré de l'administration l'économie globale de la convention, ce d'autant moins que le partenaire contractuel doit être dédommagé des conséquences que la modification emporterait en aggravation de ses charges. Il pourrait même, au cas de modifications trop lourdes, solliciter la résiliation du contrat. Cela n'empêche que le contrat administratif, au contraire du contrat de droit privé, peut toujours faire l'objet d'une adaptation à l'évolution des besoins du service public à l'initiative de l'administration.

En revanche, le « consentement mutuel » des contractants, selon la formule de l'article 1134, et qu'il est d'usage d'appeler le *mutuus dissensus,* bénéficie d'un pouvoir plus général. Ce qu'elles ont établi ensemble, les parties au contrat sont pareillement habilitées à le révoquer ensemble.

La formule de l'article 1134 laisse penser à un pouvoir considérable d'effacement du contrat. Il convient de tempérer cette impression. Il est acquis, en effet, que les parties n'ont pas le pouvoir de faire « comme si » leur contrat n'avait jamais existé. Elles peuvent en faire cesser les effets et même reconstituer la situation antérieure – restaurer le vendeur dans sa propriété, par exemple. Mais cela s'opère sans effet rétroactif. Cela revient à dire que les parties au contrat sont habilitées à détruire leur contrat en convenant, ultérieurement, d'un contrat de sens contraire à celui-ci… ce qui ramène le *mutuus dissensus* à l'exercice d'un pouvoir somme toute banal : celui de conclure un contrat. Le réduire à cela serait cependant n'en donner qu'une image incomplète : par comparaison avec les autres actes juridiques, le contrat échappe en effet, grâce à lui, à un statut de stricte irrévocabilité. Cela tient, outre le fait qu'il ne s'agit jamais que d'intérêts patrimoniaux, au principe de la liberté contractuelle : il faudrait amputer celui-ci pour récuser le *mutuus dissensus.*

Il va de soi que les parties, ainsi habilitées à mettre fin ensemble à leur convention, peuvent *a fortiori* s'accorder pour modifier celle-ci, en convenant d'en changer la substance ou de modifier, quant aux personnes, la relation établie par le contrat (*infra*, p. 130 et s.).

De cet ensemble d'observations, il est permis de conclure que, hormis l'accord des parties, le contrat ne peut pas, réserve faite de quelques exceptions très précisément réglementées, être remis en cause par la décision unilatérale de l'une d'elles. C'est ce qui fait du contrat un instrument de stabilité et de prévision dans la gestion patrimoniale. Il permet de fixer, lorsque l'occasion s'en présente, la situation juridique que l'on juge utile, avec la certitude qu'elle sera durable.

Cette dernière remarque est confortée par le fait que la **loi** elle-même évite de contrarier les choix faits par les contractants.

Le principe de **droit transitoire** est, en effet, qu'en dépit de l'intervention d'une loi nouvelle, le contrat doit demeurer sous l'empire de la loi en vigueur à la date de sa conclusion (principe dit de *survie de la loi ancienne*). La règle n'est écartée, hors les cas où le législateur en décide ainsi expressément, que de façon exceptionnelle pour certaines *lois d'ordre public*. Cela suppose qu'une application immédiate de la loi aux contrats en cours apparaisse particulièrement impérieuse. Encore cette application ne peut-elle remettre en cause l'existence des contrats concernés : la loi nouvelle peut seulement en modifier les effets.

Aussi bien, **le juge** est-il tenu, quant à lui, de respecter et de faire respecter le contrat tel qu'il a été conclu, sauf les cas – limités – où la loi l'habilite à intervenir dans le jeu contractuel (par exemple : effacement des clauses abusives; révision de la clause pénale; résiliation pour inexécution du contrat synallagmatique…). Le principe est que le juge ne peut s'immiscer dans les relations contractuelles pour les conformer à ses propres conceptions de l'équité et de la justice économique. Cette solution a pris un relief particulier dans l'hypothèse, dite de « l'imprévision », où un contrat vient à être déséquilibré, au détriment de l'un des contractants, par l'effet d'une modification – imprévue – des conditions économiques générales (modification de la valeur de la monnaie, augmentation des coûts de production…).

La Cour de Cassation, depuis un arrêt du 6 mars 1876 (*Canal de Craponne, D.* 1876.1.193, *S.* 1876.1.161), dénie au juge tout pouvoir de *réviser* le contrat dans une telle situation : « dans aucun cas il n'appartient aux tribunaux, quelque équitable que puisse leur paraître leur décision, de prendre en considération le temps et les circonstances pour modifier les conventions des parties et substituer des clauses nouvelles à celles qui ont été librement acceptées par les contractants ». La solution traduit un souci de respect des volontés contractuelles que l'on pourrait trouver excessif et formel : celles-ci ne se sont pas tant exprimées dans le détail de la convention – par la fixation de prestations déterminées – que dans le choix d'un équilibre économique. De la sorte, une révision du contrat déstabilisé tendant à restaurer l'équilibre originaire n'emporterait aucune méconnaissance de la volonté des contractants. Mais ce serait oublier que tout ce qui relève de l'équilibre économique du contrat est de la compétence exclusive des parties (*supra,* notamment p. 82 et s.). Là se trouve, sans doute, la justification fondamentale de l'interdiction faite au juge de réviser le contrat pour imprévision, sans compter que les contractants sont toujours libres, non seulement de convenir de réviser leurs conventions, mais encore, et dès l'origine, d'y insérer des *clauses* prévoyant une telle révision (clause de renégociation, de conciliation, etc.).

Au demeurant, une jurisprudence récente de la Cour de Cassation tend à tempérer la solution brutalement négative consacrée par l'arrêt de 1876. Sans revenir sur le principe d'intangibilité du contrat, un arrêt (Com., 3 nov. 1992, *Bull. civ.* IV, n° 338) a cependant admis, dans des circonstances particulières il est vrai, qu'un contractant favorisé par l'évolution économique pouvait engager sa responsabilité envers le contractant défavorisé – au titre d'un manquement à son obligation d'exécuter le contrat de bonne foi – pour n'avoir pas proposé une révision du contrat qui conduisait celui-ci à la ruine.

Par-là, la jurisprudence judiciaire tend à se rapprocher de la position adoptée par la *juridiction administrative.* Celle-ci, depuis un arrêt de 1916 (CE, 30 mars 1916, *Gaz de Bordeaux, D.* 1916.3.25, *S.* 1916.3.17, note Hauriou) considère en effet que, dans les circonstances de l'imprévision, c'est-à-dire lorsque l'économie du contrat se trouve bouleversée, l'administration est tenue d'indemniser son partenaire des « charges extracontractuelles » qu'il est amené à supporter du fait de l'évolution des circonstances économiques. C'est le souci de continuité du service public, propre au droit administratif, qui vient ici limiter la portée du principe d'intangibilité du contrat. Encore faut-il remarquer que ce principe n'est pas directement contredit : pas plus qu'en droit privé, le contrat n'est à proprement parler révisé.

Lire aussi

- *Ancel, « Force obligatoire et contenu obligationnel du contrat », Rev. trim. dr. civ. 1999.777*
- *Aubert, « À propos d'une distinction renouvelée des parties et des tiers », Rev. trim. dr. civ., 1993, 263*
- *Ghestin, « La distinction entre les parties et les tiers au contrat », JCP, 1992, I, 3628*
- *« Nouvelles propositions pour un renouvellement de la distinction des parties et des tiers », Rev. trim. dr. civ., 1994, 777*
- *Guelfucci-Thibierge, « De l'élargissement de la notion de partie au contrat... à l'élargissement de la portée du principe de l'effet relatif », Rev. trim. dr. civ., 1994, 275*
- *L'Huillier, « Les contrats administratifs tiennent-ils lieu de loi à l'Administration », D. 1953, Chr. 87*
- *Savatier, « Le prétendu principe de l'effet relatif », Rev. trim. dr. civ., 1934, 525*
- *Simler, « L'article 1134, C. civ., et la résiliation unilatérale anticipée des contrats à durée déterminée », JCP, 1971, I, 2913*
- *Vatinet, « Le Mutuus dissensus », Rev. trim. dr. civ., 1987, 252.*

Chapitre V

La situation contractuelle

Cessant désormais de ne prendre en considération que l'accord de volontés des parties contractantes, étroitement regardé en lui-même, il convient d'envisager, de façon globale cette fois, la *situation contractuelle* que les parties contractantes ont établie. Un premier point est de déterminer le statut du contrat, ou plus exactement sa *portée,* dans le contexte juridique où il vient s'inscrire, c'est-à-dire au regard des autres sujets de droits, ceux que l'article 1165 qualifie de « tiers » (Section 1). Un second point sera de décrire *la vie du contrat* (Section 2).

Section 1
La portée du contrat

Il s'agit de prendre la mesure exacte de l'effet créateur d'obligations spécifique du contrat. L'affirmation que cet effet obligatoire est limité aux parties contractantes qui peuvent seules être obligées, à l'exclusion de tous les tiers, ne règle pas tout : elle ne prend en considération que l'accord de volonté des contractants qui a fondé le contrat, abstraction faite de l'activité juridique qui se développe dans la société.

Tenant compte, maintenant, de ce que l'effet obligatoire du contrat doit nécessairement se combiner avec les situations juridiques dans lesquelles les contractants sont par ailleurs engagés, et qu'il peut lui-même faire l'objet de cette activité juridique, il apparaît que la portée du contrat peut être caractérisée par trois propositions complémentaires : d'abord, que le contrat est *opposable à tous* (I) ; ensuite, que l'effet obligatoire est appelé à *circuler* (II), et enfin, qu'il doit se *combiner* avec les situations juridiques dans lesquelles les parties sont engagées (III).

I - L'opposabilité absolue du contrat

Dire que l'effet obligatoire du contrat ne concerne que les parties contractantes, à l'exclusion des **tiers,** c'est-à-dire de toutes les autres personnes, ne suffit pas à caractériser le statut social du contrat. Une chose est de dire que le contrat ne peut obliger un tiers; autre chose, d'affirmer que le tiers peut méconnaître l'existence du contrat qui a été conclu et se comporter comme si ce contrat n'existait pas. C'est précisément cette seconde affirmation qui est écartée, en droit privé comme en droit public, par le principe de *l'opposabilité du contrat aux tiers.*

Ce principe signifie que les tiers, s'il ne peuvent être liés, par une dette ou par une créance, en vertu d'un contrat auquel ils n'ont pas pris part, n'en sont pas moins tenus de respecter ce contrat et la situation qu'il a engendrée. D'une part, cette situation contractuelle leur est *opposable*, en ce sens qu'ils ne sauraient prétendre à l'établissement d'une situation qui lui serait, d'une manière ou d'une autre, contraire. D'autre part, ils sont en droit de se *prévaloir* de cette même situation, c'est-à-dire de l'invoquer à leur profit.

En bref, le contrat est opposable aussi bien *aux tiers* que *par les tiers*. Cette double solution est nécessaire. D'une part, elle est la traduction de ce que le contrat est un *fait social* qui, comme tel, s'impose à tous. D'autre part, et sans doute surtout, elle est, parce que le contrat est un procédé de mise en œuvre et d'aménagement des droits subjectifs, la conséquence de l'*opposabilité naturelle des droits* (que serait un droit que les tiers pourraient négliger ?).

Cette opposabilité du contrat est *absolue :* elle concerne tous les tiers sans exception, à commencer par ceux que l'on dénomme *penitus extranei* ou *tiers absolus.*

Le *tiers absolu* est celui qui, non seulement, est demeuré étranger au contrat, mais encore qui n'entretient strictement aucun lien de droit avec l'une ou l'autre des parties au contrat. Affirmer l'opposabilité du contrat à son égard peut sembler assez formel : puisqu'il n'entretient pas de relations avec les contractants, peu lui importent, au fond, les liens de droits que ceux-ci ont établis. Cette opposabilité n'en est pas moins réelle – réalité préalable et dynamique – en ce que ce tiers ne peut envisager de contredire la situation contractuelle établie. C'est ainsi que, sous la seule condition qu'il ait eu connaissance du contrat, un tiers ne saurait nouer avec l'une des parties contractantes, une convention qui remettrait le premier contrat en cause, pour le tout ou pour partie (par exemple, un contrat réalisant le débauchage d'un salarié) : à agir ainsi, il engagerait sa responsabilité, en même temps que le contractant infidèle lui-même.

Assez facile à appréhender dans le cas des tiers absolus, l'opposabilité se manifeste de façon plus complexe dans les cas où le tiers se trouve par ailleurs lié par un rapport de droit avec l'un ou l'autre des contractants. L'opposabilité, qui est seulement potentielle, en quelque sorte, à l'égard du tiers absolu, prend alors une dimension beaucoup plus concrète. Peu importe, au demeurant, que ce lien rattachant le tiers à l'un des contractants soit antérieur ou postérieur à la conclusion du contrat considéré; peu importe, pareillement, la source de ce lien de droit : contrat, quasicontrat, responsabilité ou lien de filiation. Dans tous les cas il faut combiner les rapports de droit qui se trouvent ainsi confrontés. Aussi bien faut-il tenir compte, d'abord, de ce que ce lien de droit peut opérer une véritable circulation de l'effet obligatoire.

II - La circulation de l'effet obligatoire

Il est des cas où le rapport de droit existant entre le tiers, c'est-à-dire la personne qui est demeurée étrangère à la conclusion du contrat, et l'une des parties contractantes, emporte en réalité un déplacement de l'effet obligatoire du contrat du contractant à ce tiers. Ce phénomène apparaît dans deux situations très différentes : celle des *ayants cause universels,* d'abord, et celle des *cessionnaires de contrat,* ensuite.

Les **ayants cause universels** sont les personnes qui, recueillant la totalité ou une quote-part du patrimoine de leur auteur (c'est le cas des héritiers et des légataires universels), ont vocation à recueillir, dans la même proportion, les créances et les dettes de celui-ci. Le principe est alors que, pour ce qui concerne les contrats conclus par l'auteur, ils vont se *substituer* à lui, au jour de son décès, dans les situations contractuelles qu'il a établies. En d'autres termes, l'ayant cause universel n'est pas seulement soumis au principe d'opposabilité; il a vocation à être pris dans les liens créés par le contrat en remplacement du contractant décédé et ainsi à devenir lui-même « partie au contrat ». Simple vocation, car il peut y faire obstacle : il lui suffit pour cela de renoncer à la succession, auquel cas il reste un tiers. Et vocation qui ne concerne pas tous les contrats; en particulier, ceux qui ont été conclus en considération de la personnalité de l'auteur, ou encore ceux auxquels celui-ci a assigné pour terme le jour de son décès, ne pourront jamais passer à ses ayants cause universels. Mais ce ne sont là que des exceptions : le principe est bien que les contrats du défunt sont transmis à ses ayants cause universels.

Il apparaît ainsi que l'ayant cause universel, soumis comme tiers à l'opposabilité du contrat jusqu'au décès du contractant, devient lui-même **partie au contrat** à compter de cet événement, en remplacement du défunt, et se trouve dès lors pris, en tant que partie, dans l'effet obligatoire du contrat.

Il en va de même, dans le cas des **cessionnaires de contrat.** La loi admet en effet, au moins dans certains cas, qu'un contrat fasse l'objet d'une cession conventionnelle. Elle impose même parfois une telle transmission du contrat (sur l'ensemble de la question, v. *infra*, p. 132 et s.). Dans ces différents cas, l'opposabilité du contrat est la situation originaire du tiers cessionnaire, et même, pour les cessions de contrat imposées, la *condition préalable* de la cession. En revanche, dès lors que la cession a été opérée, le cessionnaire devient *partie au contrat* et, comme telle, soumis à l'effet obligatoire de celui-ci.

On peut admettre qu'il en va pareillement dans l'hypothèse d'une *cession de créance* contractuelle, dans la mesure où celle-ci réalise une *cession partielle de contrat* – la créance cédée reste soumise au statut contractuel dans lequel elle a été constituée : dans cette mesure, le cessionnaire devient aussi partie au contrat.

Deux remarques doivent être faites au terme de ces observations.

La première est que cette circulation de l'effet obligatoire du contrat, qui déplace cet effet de la tête de l'un des contractant sur celle d'un tiers, ne contredit en aucune façon le **principe de l'effet relatif** : la soumission de l'ayant cause universel ou du cessionnaire du contrat aux obligations nées de celui-ci n'est en aucune façon la conséquence de la volonté des contractants d'origine. Elle est l'effet, tantôt de la loi (héritiers et cessionnaires forcés de contrats), tantôt d'une manifestation de volonté distincte et légalement autorisée du contractant, intervenant, le cas échéant, en concours avec d'autres volontés et notamment celle du cessionnaire (légataires universels, cessionnaires conventionnels de contrats).

La seconde est que cela manifeste la relative **instabilité des qualités de partie et de tiers**. La distinction des parties contractantes et des tiers, telle qu'elle résulte de l'article 1165 n'est pas une opposition définitivement figée : tel, qui était un tiers, lors de la conclusion du contrat, peut prendre par la suite la qualité de partie à ce contrat, tandis que, corrélativement, une partie contractante perd, pour l'avenir, cette même qualité. Cela conduit à distinguer deux catégories de **parties au contrat** : d'une part, les **parties contractantes**, qui ont voulu et établi la situation contractuelle considérée ; et, d'autre part, les **parties subséquentes**, qui, par l'effet de la loi ou volontairement, se sont substituées d'abord aux parties contractantes pour, éventuellement, se succéder ensuite à différentes reprises. Il convient de remarquer que, pour cette seconde catégorie de parties au contrat, la volonté ne peut plus constituer le critère de la qualification de « partie ». Ce critère se trouve alors dans le fait de la soumission aux droits et obligations nés du contrat.

Cette distinction des *parties contractantes,* à l'origine du contrat, et des *parties subséquentes,* est nécessaire : la substitution de parties n'opère jamais de façon rétroactive – la qualité de partie est irrévocablement acquise pour la période qui prend fin avec la substitution – et, en particulier, c'est toujours et exclusivement au regard du consentement des *parties contractantes* que la validité du contrat doit s'apprécier, quelle qu'ait pu être la circulation de l'effet obligatoire.

III - La combinaison de l'effet obligatoire du contrat avec les situations juridiques dans lesquelles les parties sont engagées

Entre les situations en quelque sorte extrêmes qui ont été précédemment envisagées – celle du *tiers absolu,* totalement étranger aux contractants, et celle des *parties subséquentes* à qui l'effet obligatoire est directement transmis – il reste différentes autres situations qui doivent être confrontées à l'effet obligatoire du contrat. Il s'agit alors de tiers qui sont reliés à l'un des contractants par un rapport de droit n'opérant pas la transmission du contrat. Il en est trois sortes : les *ayants cause à titre particulier,* les *créanciers* et les *débiteurs,* d'une partie au contrat. Ces différentes situations sont toutes soumises au principe d'opposabilité, mais leur nature propre impose parfois d'aller au-delà de cette simple opposabilité.

Les **ayants cause à titre particulier** sont des personnes qui recueillent un bien ou un droit déterminé de leur auteur : l'acheteur, qui reçoit du vendeur le droit de propriété de la chose vendue; le légataire, qui recueille tel ou tel droit faisant partie de la succession.

Pour ces rapports d'auteur à ayant cause à titre particulier, il n'y a aucune difficulté lorsque l'auteur n'a conclu aucun contrat qui puisse avoir une incidence quelconque sur les droits transmis à l'ayant cause particulier. Pour ce qui concerne ces contrats, l'ayant cause reste soumis au principe d'opposabilité, comme tous les tiers.

La situation est en revanche beaucoup plus compliquée dans les cas où, au contraire, le ou les droits transmis par l'auteur sont concernés par un contrat qu'il a conclu par ailleurs – ex. : un fonds de commerce est acheté à un vendeur qui avait auparavant consenti à un autre commerçant une obligation de non-concurrence.

L'hypothèse est donc que l'ayant cause recueille un bien ou un droit d'un auteur qui a par ailleurs conclu avec une autre personne un contrat en relation avec ce bien ou ce droit. Pour les **contrats générateurs de droits réels**, il n'y a pas de véritable difficulté : le droit réel qui a été ainsi constitué est transmis avec la chose qu'il grève à l'ayant cause particulier qui acquiert celle-ci. La solution échappe aux principes applicables au contrat et tient seulement à *l'opposabilité des droits réels* – avec les exigences qui la conditionnent, notamment celles de la *publicité foncière* en matière immobilière. Pour les **contrats générateurs de créances ou de dettes**, la difficulté est beaucoup plus grande. On se bornera à l'évoquer à partir de l'exemple donné ci-dessus de la vente d'un fonds de commerce consentie par un vendeur qui s'était auparavant conventionnellement obligé à ne pas faire concurrence à tel ou tel commerçant. La question est de savoir si l'acheteur de ce fonds de commerce se trouve, de ce fait même, tenu à la même obligation de non-concurrence. Partant de cette observation que l'obligation considérée ne peut être exécutée *que* par le propriétaire du fonds, de sorte qu'à défaut de transmission cette obligation se trouverait frappée de *caducité,* on incline à consacrer la transmission de cette obligation à l'ayant cause à titre particulier, sous la condition fondamentale qu'il en ait eu *connaissance* avant d'avoir acquis la propriété du fonds. On peut donc admettre la transmission à l'ayant cause à titre particulier des créances et des dettes contractuellement consenties par son auteur, dès lors que la créance ou la dette considérée, préalablement *connue* par l'ayant cause particulier, est véritablement *indissociable* du bien acquis. La solution, qui dépasse la simple opposabilité du contrat, est cependant discutée en doctrine et la jurisprudence ne l'a jamais formellement consacrée.

Restent les **créanciers** et les **débiteurs d'une partie au contrat.**

Pour ce qui concerne les **débiteurs**, il ne fait pas de doute qu'ils sont soumis au principe d'opposabilité, qui n'emporte pas, en général, de conséquences remarquables à leur égard. Il est cependant intéressant d'évoquer le cas où c'est précisément le lien d'obligation par lequel le débiteur considéré est tenu qui a fait l'objet du contrat : le créancier a cédé à une tierce personne son droit de créance, en vertu d'une cession de créance ou d'une cession de contrat (il s'agit d'envisager, cette fois du point de vue du débiteur cédé, la situation qui a été envisagée précédemment du point de vue du cessionnaire, *supra,* p. 123 et s.). Sous la seule condition du respect des exigences de l'article 1690 du Code civil, la **cession de créance** produit son effet à l'égard du débiteur cédé, qui perd sa qualité de débiteur à l'égard du cédant – créancier d'origine, auquel il peut opposer la cession consentie pour se soustraire à une demande de paiement – pour la prendre à l'égard du cessionnaire. La cession de créance bénéficie, de ce dernier point de vue, d'une sorte d'opposabilité renforcée en ce que, si elle n'a pas pour effet de constituer débiteur le tiers cédé – il l'était déjà – du moins lui impose-t-elle un changement de créancier. Il n'en va pas de même pour la **cession de contrat** : sauf les cas où la loi le prévoit expressément, et où l'on retrouve une semblable opposabilité renforcée, un contrat ne peut être cédé et emporter la substitution du cessionnaire au contractant d'origine, par le seul accord de l'une des parties avec un tiers : il y faut aussi le consentement du contractant cédé.

Mérite pareillement d'être évoqué le droit pour le cocontractant du créancier d'exiger du débiteur de ce dernier le paiement de sa dette en vertu du mécanisme de *l'action oblique* (art. 1166) : le principe d'opposabilité autorise ainsi un contractant à se prévaloir de son droit contractuel pour exiger du tiers l'exécution de son obligation au profit de son créancier.

Pour les **créanciers,** c'est encore le principe d'opposabilité du contrat qui s'applique, mais avec des effets beaucoup plus sensibles en raison des caractéristiques du droit de créance. À moins de disposer d'une sûreté qui affecte la valeur d'un bien déterminé au paiement de leur créance, les créanciers, que l'on dit alors *chirographaires,* n'ont qu'un « droit de gage général » sur le patrimoine de leur débiteur (art. 2092 et 2093). Cela signifie qu'ils doivent se satisfaire de ce patrimoine dans l'état où il se trouve au moment où ils exercent leur droit. Dans ces conditions, le principe d'opposabilité prend, à leur égard, une portée très concrète : ils profitent des contrats par lesquels leur débiteur réalise de bonnes affaires; et ils souffrent de ceux qui l'ont appauvri (sauf à prouver que le contrat désastreux a été conclu en fraude à leur droit, auquel cas ils pourront éviter ses effets, le contrat leur étant alors déclaré *inopposable* au résultat de l'exercice d'une action particulière, dite *action paulienne* – art. 1167).

Hormis cette incidence économique des contrats conclus par leur débiteur, les créanciers profitent pleinement du principe de l'effet relatif du contrat : ils ne peuvent être constitués créanciers ou débiteurs par ces contrats. C'est la raison pour laquelle la théorie des **groupes de contrats,** en dépit des intérêts qu'elle présente à d'autres égards, ne saurait être accueillie pour la détermination de la portée de l'effet obligatoire des contrats.

Il a été proposé, en effet, d'admettre que, notamment dans le cas où différents contrats sont conclus entre des parties diverses mais pour la réalisation d'une opération unique, l'effet obligatoire de chaque contrat ne soit pas limité aux seules parties qui l'ont conclu mais puisse être invoqué aussi par les parties aux autres contrats du groupe considéré. Ainsi, par exemple, dans le cas où un maître d'ouvrage a contracté avec un entrepreneur pour l'édification d'un immeuble, et alors que cet entrepreneur aurait sous-traité en tout ou en partie ce marché avec un autre entrepreneur, le maître de l'ouvrage pourrait engager la responsabilité *contractuelle* de ce sous-traitant, au lieu de sa responsabilité délictuelle, bien qu'il soit demeuré tiers par rapport au contrat conclu par les deux entrepreneurs. Une telle solution contredit le principe de l'effet relatif posé par l'article 1165 puisqu'elle prétend intégrer directement chaque contractant du groupe dans la situation contractuelle définie par les autres contrats de celui-ci et, partant, soumettre chacun des contractants à l'effet obligatoire des contrats conclus en dehors d'eux (cela, sans que se pose aucun problème de caducité de l'obligation contractuelle considérée, qui conserve sa pleine efficacité à l'encontre de celui qui l'a souscrite. Comp., *supra,* le cas des ayants cause à titre particulier). Cette solution doit d'autant moins être admise, à l'encontre des soucis d'indépendance et de liberté qui fondent l'effet relatif (*supra,* p. 106), qu'il est toujours possible de convenir expressément et en toute clarté d'une extension de la portée de l'effet obligatoire des contrats participant à une même opération. Il suffit alors que chaque contractant veille à stipuler, dans les contrats qu'il vient à conclure avec d'autres, cette extension à leur égard de l'effet obligatoire du contrat originaire. Cela, sous peine d'engager sa responsabilité envers son cocontractant initial.

Au résultat des observations qui précèdent on doit remarquer que la question de la portée du contrat est beaucoup plus complexe et nuancée que ne le laisse apercevoir la formule de l'article 1165. C'est que le contrat ne peut pas être appréhendé seulement de façon isolée et statique, comme le fait ce texte. Il doit l'être, aussi, en tant qu'il est constitutif d'un fait social, dans une perspective dynamique, c'est-à-dire dans son contexte juridique et dans sa vie propre. C'est au demeurant sur celle-ci qu'il convient de revenir maintenant.

Section 2
La vie du contrat

De la vie du contrat, quelques indications ont été données déjà, de manière incidente, pour apprécier la portée de celui-ci. Il y a lieu, maintenant d'en préciser les principaux aspects, qui concernent, d'abord les *modifications* que le contrat peut subir (I), et ensuite son *exécution* (II).

I - La modification du contrat

Étant précisé que le mot « modification » est pris ici, sauf indication contraire, dans son sens ordinaire et général pour désigner les différents changements que les parties peuvent convenir d'apporter à la situation contractuelle qui les lie tant qu'elle est en cours, il apparaît que le contrat peut supporter des modifications de deux sortes : les unes affectent sa *substance* même (A); les autres, la *relation interpersonnelle* qu'il établit (B).

A - La modification du contrat quant à sa substance

La substance du contrat peut être affectée par les avatars des obligations nées du contrat. Deux techniques distinctes ont vocation à intervenir, dont la portée est sensiblement différente.

Il peut y avoir simple *modification,* au sens technique cette fois, c'est-à-dire un changement convenu par les parties de la substance de telle ou telle obligation, celle-ci étant seulement affectée dans son contenu sans substitution d'une obligation nouvelle à une autre : par exemple, un changement du lieu ou de la date d'exécution de l'obligation, ou encore la fixation d'un nouveau montant de la dette. Il semble que les modifications que l'administration est habilitée à apporter unilatéralement au contrat (*supra,* p. 114) relèvent de cette première technique.

Mais le changement voulu par les parties peut être plus profond et radical et ne plus relever de la *modification* mais bien de la technique de la *novation,* laquelle emporte alors une véritable substitution d'obligations : l'obligation originaire s'éteint pour être remplacée par la nouvelle. Dans un tel cas, outre le fait que les obligations qui se succèdent sont étroitement interdépendantes – si la première est entachée d'une nullité insusceptible de confirmation, cette nullité s'étend à la nouvelle; et si c'est cette dernière qui est irrégulière, son effacement restaure l'ancienne – l'extinction de l'obligation d'origine emporte celle des sûretés qui y étaient attachées et qui ne sont pas transportées sur l'obligation nouvelle.

L'importance de la différence des régimes de la *modification* et de la *novation* justifierait et que les parties expriment clairement leur choix entre ces deux techniques, et que les juges s'en tiennent à la volonté ainsi explicitée.

Ces techniques opèrent une véritable modification du contrat en ce que l'une comme l'autre assurent la continuité de la situation contractuelle : au-delà des changements convenus, c'est bien le même contrat qui se perpétue. La situation s'oppose ainsi à celle qui résulte d'un *mutuus dissensus* (*supra,* p. 115) lequel a pour effet de mettre fin au contrat, peu important que les parties conviennent, le cas échéant, d'établir de nouvelles relations contractuelles, nécessairement distinctes des précédentes.

B - La modification de la relation interpersonnelle établie par le contrat

L'examen de l'effet obligatoire du contrat a clairement fait apparaître que les qualités de parties au contrat résultant de la conclusion de celui-ci ne sont pas définitivement fixées. C'est que la situation contractuelle, qui peut être modifiée dans sa substance, peut aussi l'être quant à la relation interpersonnelle établie par le contrat. Là encore, la situation contractuelle bénéficie d'une continuité qui s'oppose à la rupture opérée par un *mutuus dissensus* suivi de la conclusion d'un nouveau contrat par l'une des parties au contrat initial avec telle ou telle autre personne. Mais il est douteux, cette fois, que la technique de la *novation* puisse être admise comme instrument de la modification. C'est que l'effet extinctif de cette technique, confronté au fait que la substitution de partie engage forcément l'ensemble de la relation contractuelle, la rend inadéquate à une modification du contrat : la novation par changement de partie est en réalité un changement de contrat. Seuls les procédés de *transmission du contrat* permettent une modification de la situation contractuelle quant aux parties.

Une telle modification de la situation contractuelle peut s'opérer indépendamment de la volonté des parties, *en vertu de la loi.* C'est ce qui se produit, en matière successorale, au bénéfice des héritiers du contractant défunt, ayants cause universels de celui-ci et qui se substituent à lui dans sa position contractuelle, le remplaçant dans la qualité de partie au contrat. C'est aussi le résultat des transmissions de contrat que la loi impose accessoirement à certaines cessions conventionnelles de biens. Tel est le cas, notamment, en vertu de l'article 1743, C. civ., pour les *baux* consentis par le vendeur d'un immeuble et qui sont de droit transmis à l'acquéreur, ou encore, en vertu de l'article L. 122-12, C. trav., pour les *contrats de travail* en cours en cas de cession d'entreprise, ou, pareillement, en vertu de l'article L. 121-10, C. ass., pour le contrat d'assurance en cas de cession de la chose assurée. Dans ces différents cas, l'acquéreur du bien se trouve, à compter de la cession, substitué à son auteur dans la position contractuelle de celui-ci et devient partie au contrat en ses lieu et place (cf. *supra,* p. 124). On peut en rapprocher la situation du légataire universel : certes, dans ce cas, testateur et légataire expriment bien une volonté pour asseoir la situation nouvelle, mais il ne s'agit en aucun cas d'une volonté spécialement appliquée aux contrats éventuellement impliqués dans la succession.

La modification de la situation contractuelle quant aux personnes peut aussi bien résulter d'une *convention,* donc d'un accord de volontés

La *cession de créance,* réglementée par les articles 1689 et s. du Code civil, dès lors qu'elle porte sur une créance contractuelle, permet de réaliser une telle modification, limitée à la créance considérée. Elle opère une sorte de transmission partielle de contrat en ce sens que la créance née de celui-ci est transférée, sans novation, au cessionnaire qui ne pourra en réclamer l'exécution que dans les conditions prévues par ce contrat. Il suffit, pour cela, que l'accord de volontés entre le contractant cédant et le tiers cessionnaire soit porté à la connaissance du débiteur : celui-ci se trouve dès lors tenu envers le cessionnaire.

La loi ne pose, en revanche, aucun principe général de validité ou d'invalidité de la *cession de contrat.* Elle admet toutefois, de façon expresse, la possibilité d'une cession conventionnelle pour *certains contrats.*

Tantôt l'accord des volontés du contractant cédant et du cessionnaire est suffisant : c'est en particulier ce qu'admet la loi pour la cession par l'acquéreur des droits qu'il tient d'une vente d'immeuble à construire (art. 1601-4, C. civ.) et pour celle, par le maître de l'ouvrage, de ses droits dans le programme de construction prévu par le contrat de promotion immobilière (art. 1831-3, C. civ.).

Tantôt, cet accord bilatéral ne suffit pas, la loi exigeant alors le concours du contractant cédé à la convention de cession. Il en va ainsi, notamment, pour la cession par le locataire du contrat de location à usage d'habitation principale ou mixte (L. 6 juill. 1989, art. 8), pour la cession du contrat de promotion immobilière par le promoteur (art. 1831-3, C. civ.) et pour la cession par l'éditeur du contrat d'édition (art. L. 132-16, C. propr. intell.).

La question est discutée, dans ces conditions, de savoir si la cession conventionnelle de contrat peut être admise au delà des cas précisément prévus par la loi. On ne voit pas de raison qui s'y oppose de façon décisive. Au contraire, le fait que la substance du contrat, c'est-à-dire la combinaison de droits et d'obligations mise en place par les parties contractantes, apparaisse comme une valeur économique – la constatation s'impose dans le cadre des procédures collectives applicables aux entreprises en difficulté – incline en faveur de l'admission d'un principe général de validité des cessions de contrats. Mais seule une convention *tripartite,* réunissant les parties actuelles au contrat et le cessionnaire, semble admissible en raison de la complexité naturelle des liens établis par le contrat, notamment dans tous les cas où la cession de contrat opère, pour le tout ou pour partie, une cession de dette, laquelle ne peut se concevoir sans l'agrément du créancier.

II - L'exécution du contrat

L'exécution relève de l'essence même du contrat : c'est pour elle que les parties se sont accordées. C'est dire l'importance de la question. Il convient cependant de remarquer que l'exécution s'applique en réalité plus aux *obligations* nées du contrat qu'au *contrat* lui-même et qu'ici comme ailleurs il est assez difficile, si ce n'est pas pur artifice, de distinguer le contrat du faisceau de droits et d'obligations qu'il organise (est-ce le contrat que l'on cède ou l'ensemble de droits qu'il a fait naître ?). Toutefois, s'il ne saurait être question de reprendre ici tout le régime des obligations, même limité aux obligations contractuelles, il s'impose, en revanche, de préciser deux points essentiels, à savoir, d'abord, *l'objet de l'exécution* (A), et ensuite, la question de *l'inexécution du contrat* (B).

A - L'objet de l'exécution

Les parties au contrat – parties contractantes comme parties subséquentes – sont tenues d'exécuter les *obligations convenues* dans les conditions (de lieu, de temps, de périodicité...) fixées par le contrat. Cette exécution – on parle, techniquement, de *paiement*, quel que soit l'objet de l'obligation : somme d'argent ou prestation quelconque – doit en principe être expressément sollicitée par le créancier par le moyen d'une *mise en demeure,* c'est-à-dire d'une réclamation formelle de l'exécution attendue, faite, au besoin, par simple lettre missive (art. 1139, C. civ.). La convention des parties peut, cependant, porter dispense d'une telle formalité.

Mais l'exécution ne se limite pas aux seules obligations ainsi stipulées expressément par les contractants. C'est ce qu'exprime très clairement l'article 1135, selon lequel « les conventions obligent non seulement à ce qui y est exprimé, *mais encore* à toutes les suites que l'équité, l'usage ou la loi donnent à l'obligation d'après sa nature ».

L'exécution porte donc aussi sur les obligations que *la loi,* ou *l'usage,* imposent dans le cadre de telle ou telle relation contractuelle. Ainsi, par exemple de l'obligation de garantie qui incombe au vendeur, ou de l'obligation de conservation de la chose remise que la loi fait peser sur le dépositaire.

L'exécution doit aussi se conformer, en vertu de ce même texte, à une sorte de *code de bonne conduite*. C'est ce qui se déduit de la référence que porte l'article 1135 à *l'équité*, beaucoup plus que de la formule, apparemment claire, mais trompeuse, de l'article 1134, selon laquelle les conventions « doivent être exécutées de bonne foi ». Quoi qu'il en soit, il est acquis, aujourd'hui, que l'exécution du contrat doit s'opérer en considération d'un **principe général de juste mesure**.

Ce principe, qui n'autorise en aucune façon une quelconque révision du contrat, impose en revanche aux parties un **devoir de loyauté** – la formule semble préférable à celle, beaucoup trop générale et à la limite superfétatoire, de « bonne foi » – dans la mise en œuvre du contrat. Cela signifie que si chacune des parties est assurément en droit d'exiger l'exécution du contrat telle qu'elle a été promise, du moins doit-elle veiller à favoriser cette exécution du contrat et, en particulier, éviter de mettre inutilement son partenaire en difficulté et ne pas abuser de son droit à l'exécution. Le principe étant que les engagements souscrits doivent être tenus, il s'agit d'exploiter au mieux, en faveur d'une exécution effective et pour sauvegarder les intérêts de la partie qui se trouve en difficulté, les possibilités d'un aménagement de l'exécution compatible avec le respect du contrat. Cela peut, notamment, permettre d'imposer au créancier de l'exécution un différé de celle-ci, pourvu que ce retard n'aboutisse pas à remettre en cause la finalité même du contrat.

B - L'inexécution du contrat

Il va de soi que l'exécution étant la fin même du contrat – sa raison d'être – le droit porte une vigilante attention au phénomène de l'*inexécution*. Les solutions qu'il y apporte sont variées. On en exposera les *principes généraux* avant d'indiquer les solutions particulières que la loi prévoit en outre pour le cas des *contrats synallagmatiques.*

1 - Principes généraux

La question de l'inexécution ne peut se dégager de quelque ambiguïté.

Il convient, tout d'abord, de préciser que, dans le langage juridique appliqué aux obligations contractuelles, le mot « inexécution » recouvre en réalité des situations très diverses. Outre le fait que l'inexécution peut être volontaire ou involontaire, il faut encore tenir compte de ce qu'elle peut consister aussi bien dans une *absence d'exécution* – totale ou partielle – que dans une *exécution défectueuse* du contrat, une mauvaise exécution de la prestation, que celle-ci soit affectée d'un vice ou qu'elle ne soit pas conforme à ce qui était convenu.

Le *principe de base* est que le contractant créancier de l'exécution est toujours en droit d'exiger celle-ci. Il peut, en conséquence réclamer **l'exécution forcée du contrat**. C'est la logique même de l'engagement contractuel qui l'impose.

Mais une telle exécution forcée n'est pas toujours possible – par exemple, parce que le temps de cette exécution est passé (les marchandises qui devaient être livrées sont définitivement avariées), ou parce qu'elle exigerait une contrainte sur la personne même du débiteur contraire à la liberté individuelle (cas du peintre qui refuse de faire le tableau promis). Pour autant, le débiteur de l'exécution ne saurait être libéré de son engagement contractuel, sauf le cas particulier d'une impossibilité d'exécuter provenant d'un événement de *force majeure,* comme tel extérieur au débiteur, imprévisible et insurmontable. S'il peut être dispensé de l'obligation d'assurer la prestation même qu'il avait promise, le débiteur reste du moins tenu, envers le créancier, de lui fournir l'équivalent de l'avantage que celui-ci aurait retiré de l'exécution normale du contrat, conformément à ce qui avait été prévu par les parties : c'est le principe de **l'exécution par équivalent**.

C'est à ce point qu'apparaît l'ambiguïté la plus remarquable, que révèle une formule assez courante en doctrine, à savoir que l'exécution par équivalent serait le mécanisme spécifique de la **responsabilité contractuelle**.

Cette assimilation de l'exécution du contrat par équivalent à la responsabilité contractuelle méconnaît certainement une part importante du phénomène contractuel en opérant une confusion de ce qui relève objectivement de l'*obligation née du contrat,* dont le créancier privé de l'exécution en nature doit du moins obtenir un succédané – un *équivalent* – avec les *dommages* que le fait de l'inexécution est susceptible de causer à ce même créancier – cas du voyageur blessé au cours d'un transport. Cette annexion de l'exécution par équivalent par la responsabilité contractuelle fait un amalgame de ce qui dépend encore de l'effet obligatoire du contrat et de ce qui ressortit à une obligation distincte de responsabilité civile. En pure logique, il conviendrait de distinguer soigneusement *l'exécution du contrat par équivalent* qui assure, par le moyen d'un mode subsidiaire d'exécution du contrat, le respect des effets produits par celui-ci, et *la responsabilité contractuelle,* qui garantit la réparation des dommages qui peuvent, le cas échéant, se manifester dans le prolongement du contrat ou de son inexécution.

Force est, cependant, de reconnaître que la distinction de ce qui relève de l'exécution du contrat et de ce qui est constitutif d'un dommage distinct n'est pas toujours aisée, d'autant moins que le fait générateur du dommage ne peut lui-même s'apprécier qu'en considération de la convention qui en a été l'occasion. Il est permis de considérer, dans ces conditions, que la confusion dénoncée – à juste titre – a cependant une vertu simplificatrice qui la légitime, sauf à ne pas perdre de vue que tout ce qui se trouve ainsi placé sous le régime de la responsabilité contractuelle n'est pas toujours pur phénomène de responsabilité.

En définitive, la partie au contrat qui se trouve placée devant un phénomène d'inexécution a le choix – abstraction faite provisoirement du cas particulier des contrats synallagmatiques – entre l'*exécution forcée du contrat en nature* et la *responsabilité contractuelle.*

Cette option joue pleinement en *droit privé,* sous la réserve, déjà évoquée, que l'exécution forcée, lors même qu'elle serait souhaitée par le créancier, n'est pas toujours possible. Cela donne à la technique de la responsabilité contractuelle une importance considérable. Le principe est alors que le contractant privé de l'exécution escomptée peut réclamer au juge *l'équivalent* de ce dont l'inexécution l'a privé et la *réparation,* le cas échéant, des dommages que cette inexécution a pu lui causer, c'est-à-dire un montant de dommages-intérêts correspondant au bénéfice qu'il aurait tiré de l'opération et à la compensation des préjudices qu'il aurait soufferts. Une limite, cependant, est assignée à cette fonction de réparation : seuls les dommages *prévisibles* – c'est-à-dire ceux qui restent dans les limites des obligations convenues – sont réparables. C'est une marque notable de ce que la référence reste bien, ici, l'exécution du contrat. Cela est confirmé par la mise à l'écart de cette limitation dans le cas où l'inexécution est *intentionnelle* de la part du débiteur : celui-ci s'étant délibérément placé en dehors du contrat, il ne peut plus s'en prévaloir pour restreindre l'obligation de réparer à laquelle il se trouve soumis.

S'agissant des *contrats administratifs,* force est de constater l'existence d'un régime très particulier qui s'explique par des considérations de puissance publique. D'une part, le partenaire de l'administration peut seulement imputer à faute à celle-ci l'inexécution dont elle se rend coupable et solliciter du juge, en conséquence, la réparation de son préjudice, voire, exceptionnellement, la résiliation du contrat; d'autre part, et pour la situation inverse, l'administration dispose d'un *pouvoir propre de sanction* de l'inexécution imputable à son cocontractant, qui lui permet de contraindre celui-ci à l'exécution ou d'obtenir une exécution équivalente à ses frais et risques, *sans avoir à saisir le juge*. Celui-ci n'interviendra, le cas échéant, qu'à l'occasion d'une contestation de la mise en œuvre de ce pouvoir par l'administration. Le juge pourra alors sanctionner celle-ci, s'il y a lieu, par une condamnation à réparer le préjudice causé.

2 - Régime des contrats synallagmatiques

Il reste à évoquer le cas particulier des *contrats synallagmatiques* (*supra*, p. 10), lesquels se caractérisent par le fait que les parties sont tenues à des *obligations réciproques* qui sont *interdépendantes,* en ce sens que chacune d'elles dépend de l'autre. C'est pour tenir compte de cette *interdépendance* que la loi établit trois règles particulières qui viennent compléter l'option entre exécution forcée et responsabilité contractuelle qui vient d'être exposée.

La première de ces règles consiste dans **l'exception d'inexécution**. La formule signifie que chacune des parties est en droit de refuser d'exécuter l'obligation qu'elle a souscrite tant que l'autre partie n'exécute pas la sienne, et cela sans avoir à soumettre ce refus à l'appréciation préalable du juge. Il s'agit d'un moyen de pression qui relève de l'idée de justice privée, ce qui explique que le cocontractant de l'administration ne soit pas admis à s'en prévaloir contre elle. Ce ne peut être qu'une solution provisoire : ou bien la pression fait son effet, et le contrat est exécuté; ou bien elle échoue, et il y a lieu alors, pour la partie intéressée, d'agir, soit en *exécution forcée,* soit en *responsabilité contractuelle,* soit encore, en *résolution du contrat.*

La **résolution du contrat** est le deuxième élément du régime spécial établi pour les contrats synallagmatiques. Elle consiste dans une mise à néant du contrat, comparable dans ses effets à la nullité du contrat (*supra,* p. 98), et qui ne peut être prononcée que par le juge. En pratique, celui-ci, qui est investi d'un large pouvoir d'appréciation (sauf le cas où le contrat stipule expressément, en vertu d'une *clause résolutoire,* que le contrat sera, s'il convient au créancier, *résolu de plein droit* en cas d'inexécution), ne prononce la résolution demandée que lorsqu'il constate une inexécution suffisamment grave. S'il la refuse, il peut aussi accorder un délai d'exécution au débiteur. Il a également le pouvoir d'allouer au créancier des dommages-intérêts, soit en complément de la résolution, soit à sa place. La résolution opère normalement, comme la nullité, de façon *rétroactive,* en effaçant le contrat pour le passé comme pour l'avenir. Mais il en va autrement pour les contrats à exécution successive résolus en cours d'exécution. Dans ce cas la résolution emporte seulement la *résiliation* du contrat, qui ne disparaît que pour l'avenir.

Quant à la troisième des règles spéciales aux contrats synallagmatiques, elle a pour objet de déterminer le sort du contrat dans le cas où l'une des parties se trouve empêchée d'exécuter son obligation par l'effet d'un événement de *force majeure.* C'est la **théorie des risques**. Le principe est que l'impossibilité pour l'une des parties d'exécuter, par l'effet de la force majeure, entraîne la libération de l'autre partie : le *débiteur de l'obligation inexécutée* supporte les risques de la force majeure en ce qu'il ne peut plus demander l'exécution du contrat à son profit. Mais la solution est inversée dans le cas des contrats translatifs de propriété. Soit une vente d'un meuble qui est détruit avant que la livraison ait pu avoir lieu : dans ce cas c'est le *créancier* de l'obligation (de livraison) inexécutée qui va supporter le risque de la force majeure, en ce qu'il devra payer le prix en dépit de l'absence de livraison de la chose vendue. La raison en est qu'il est devenu propriétaire de cette chose du seul fait de la conclusion du contrat et qu'il doit en supporter les risques en tant que propriétaire.

En guise de conclusion on observera que *l'exécution,* qui peut d'ailleurs être limitée dans le temps par la stipulation d'un terme, réalise l'accomplissement de l'accord des volontés et marque par là-même la *fin* normale du contrat. Mais on a eu l'occasion de constater que le contrat peut aussi prendre fin prématurément, soit par la volonté commune des parties *(mutuus dissensus),* soit par la volonté unilatérale de l'une des parties, lorsque la loi admet une telle faculté (par exemple dans le cas du contrat à durée indéterminée), soit en considération d'une inexécution qui justifie la *résiliation* du contrat. Cela traduit un échec du projet contractuel. À l'inverse, en quelque sorte, le contrat peut au contraire faire l'objet d'une *prorogation* ou d'une *reconduction,* les parties décidant alors, par un nouvel accord de leurs volontés, dans le premier cas, de prolonger la vie de leur contrat, et, dans le second, de le renouveler.

Lire aussi *(outre la bibliographie indiquée p. 118)*

- *Aynès, La cession de contrat et les opérations juridiques à trois personnes, préface Malaurie, 1984*
- *Duclos, L'opposabilité (essai d'une théorie générale), préface Martin, 1984*

- *J. Flour, J.-L. Aubert, Y. Flour et E. Savaux, Les obligations, vol. 3, Le rapport d'obligation, 1999*
- *Ghozi, La modification de l'obligation par la volonté des parties, préface Tallon, 1980*
- *B. Houin, La rupture unilatérale des contrats synallagmatiques, thèse Paris II, 1973*
- *Huet, Responsabilité délictuelle et responsabilité contractuelle. Essai de délimitation des deux ordres de responsabilité, thèse Paris II, 1978*
- *Mousseron, Technique contractuelle, 1988*
- *Neret, Le sous-contrat, préface Catala, 1979*
- *Rémy, « La responsabilité contractuelle : histoire d'un faux concept », Rev. trim. dr. civ. 1997.323*
- *Savaux, « La fin de la responsabilité contractuelle? », Rev. trim. dr. civ. 1999.1*
- *I. Souleau, La prévisibilité du dommage contractuel, thèse Paris II, 1979*
- *Tallon, « L'inexécution du contrat : pour une autre présentation », Rev. trim. dr. civ., 1994, 223*
- *Teyssié, Les groupes de contrats, préface Mousseron, 1975.*

Index alphabétique

D

E

F